SPHINX POCKET 35

Victor K. Wendt

POLARITÄT
Das kosmische Gesetz der Ureinheit

SPHINX VERLAG BASEL

CIP-Kurztitelaufnahme der Deutschen Bibliothek

Wendt, Victor K.:
Polarität: d. kosm. Gesetz d. Ureinheit/Victor K. Wendt. – Basel:
Sphinx-Verlag, 1986.
(Sphinx pocket; 35)
ISBN 3-85914-335-2
NE: GT

1986
© 1986 Sphinx Verlag Basel
Alle Rechte vorbehalten
© Victor K. Wendt
Satz: Uhl + Massopust GmbH, Aalen
Herstellung: Rombach, Freiburg
Printed in Germany
ISBN 3-85914-335-2

Wahrlich, die Götter enthüllen
nicht schon von Anbeginn an
Sterblichen alle Dinge,
doch als Entdeckern winkt ihnen
Erfolg durch beharrliches Forschen.
  Xenophanes von Kolophon

Wurzeln stehen nicht
im Widerspruch zu den Zweigen,
obwohl sie in entgegengesetzten
Richtungen wachsen.
  Theodore Roszak

Inhalt

Vorwort

Polarität beherrscht den Raum der Anorganik und der Organik ebenso wie den Bereich des Psychischen. Auch als Gegenstand der Ontologie hat sie universelle Bedeutung. Unter Polarität versteht man die Spannung zwischen zwei gegensätzlichen, doch aufeinander bezogenen Kräften. Auf einer Auslösung polarer Kräfte beruht der Fortbestand des Erdenlebens wie auch des ganzen kosmischen Geschehens. Die Polarität beginnt schon beim Atom, um dessen positiven Kern die negative Hülle der Elektronen kreist.

Polarität ist in der ganzen Natur gesetzmässig gegeben: Dem Tag folgt die Nacht, dem Wachsein der Schlaf, dem Regen die Sonne. Diese Beispiele können unendlich vermehrt werden. Wo Licht ist, ist auch Schatten. Geben und Empfangen sind die zwei Seiten des gleichen Vorgangs. Eines besteht nicht ohne das andere, so wie Aus- und Einatmen erst zusammen den Vorgang des Atmens bilden. Weder die Elektrizität noch das Magnetfeld sind ohne Polarität, das heisst ohne positive und negative Felder vorstellbar, ja sie können ohne die Polarität überhaupt nicht existieren. Auch die Sexualität ist ein Ausdruck, eine Erscheinungsform der Polarität.

Die ältesten Überlieferungen der Menschheit kannten schon die Erscheinungsformen der Polarität, des Positiven und des Negativen. Nach der modernen Physik unterliegt das gesamte Weltall einer «zentralen gesteuerten Ordnung», einer göttlichen Allmacht. Damit anerkennt sie die Existenz einer höheren Wirklichkeitsordnung, die dem Sein einen Sinn gibt. Zu dieser Wirklichkeitsordnung gehört auch die Polarität; so sind zum Beispiel Ebbe und Flut die zwei Pole einer nie endenden

Bewegung. Diese Bewegung erkennt man auch an der menschlichen Lebenslinie: sie verläuft nie gerade, sondern in einem
steten Auf und Ab; Oben und Unten wechseln unaufhörlich.
Jeder Gewinn an einer Stelle muss mit einem Verlust an
anderer Stelle bezahlt werden.

Tiefschürfende Ausführungen über die Polarität als Denk-
und Erkenntnisform sowie als Weltgesetz und Lebensprinzip in
verschiedenen Bereichen wissenschaftlicher und literarischer
Art, teils in Buchform, teils als Abhandlungen und Beiträge
scheinen das Thema ausgeschöpft zu haben. (Siehe die Litera-
turangaben am Schluss des Buches.) Und doch gibt es immer
wieder neue Denkanstösse in diversen Quellen, die es mir
zweckmässig erscheinen liessen, einige Aspekte darzustellen,
die sich mir in der letzten Zeit boten, zum Beispiel:

Pythagoras gelang es, das *Rationale* und das *Mystische* zu
vereinen. Seine Lehren, meist mündlich überliefert, bilden ein
wunderbares Ganzes, das die esoterischen Kenntnisse des alten
Ägypten und die Indiens in der griechischen Klarheit wider-
spiegelt. Wir erkennen auch hierbei, dass echte Polaritäten sich
gegenseitig ergänzen und zu einer bemerkenswerten Ganzheit
führen können.

Wenn ein Philosoph jede Theorie beiseite lässt, entdeckt er
das kosmische Gesetz einer Ureinheit, und wenn der Religions-
forscher den von Theologen gewobenen Schleier lüftet, leuch-
tet die Einheit der Offenbarung jenseits aller Legenden auf;
«Religion» wird sodann zum Sinnbild einer Verbrüderung, die
schon in der Wurzel des Wortes inbegriffen ist, das auf latei-
nisch «religatio» = Bindung bedeutet. Denn: Jeder Mensch
wirkt als eine autonome Zelle des Ganzen, also der Menschheit
und somit ist sein Schicksal mit dem der Ganzheit verbunden
und verwoben. Meist wird jedoch das Wort «Religion» auf das
lateinische «religare» = rück- bzw. wiederverbinden oder auf
«religio» zurückgeführt. Dieses bedeutet soviel wie Rückbin-
dung oder festbinden, andererseits enthält es auch die unklassi-
sche Bedeutung von «losbinden». Und C. G. Jung verweist auf
die Vokabel «religere» = sorgfältig beobachten, was wir heute
viel eher mit Psychologie als mit Religion assoziieren.

In seinem äusserst feinsinnig geschriebenen Roman *Die*

10

Priesterin der Isis schildert Eduard Schuré den Kampf zwischen den lichten und den dunklen Kräften des Seins, wobei die letzliche Erkenntnis darin gipfelt, dass sowohl Licht wie auch Dunkelheit, Glück und Leid irgendwo zusammengehören und sich keines von beiden ausklammern lässt. In der Anerkennung dieser Polaritäten liegt denn auch ihre Überwindung und damit das Eingehen in die Einheit. Dieser Schritt wird in diesem Roman durch den ägyptischen Hierophanten Memnon vollzogen, der das Mysterium mit den Worten ausdrückt: «Unglücklich ist, wer den Himmel um der Erde willen vergisst und die Erde um des Himmels wegen.»

Die alten Eingeweihten, die beobachtet hatten, dass das Gleichgewicht das universelle Gestz in der Physik ist, und dass es aus der augenscheinlichen Opposition zweier Kräfte resultiert, schlossen vom physischen Gleichgewicht auf das metaphysische und erklärten, dass man der ersten lebenden und treibenden Ursache zwei für einander notwendige Eigenschaften zuerkennen müsse, die Beharrung und die Bewegung, die durch die Krone, die oberste Kraft, ausgeglichen seien.

Vielfach wird mit der Erkenntnis, dass unsere Welt auf der Zweipoligkeit beruht, u. a. immer wieder der Tod und das Leben gegenübergestellt. Das ist jedoch ein Irrtum. Das Gegenteil von Tod ist nicht Leben, sondern Geburt. Das *Spannungsverhältnis* zwischen den beiden Polen heisst Leben. Es ist das gleiche wie bei der Energie: Ohne das Spannungsverhältnis zwischen dem Minus-Pol und dem Plus-Pol gibt es z. B. weder Elektrizität noch Magnetismus.

Symbole der Polarität

Für die chinesischen Philosophen war die Wirklichkeit, deren innerstes Wesen sie *Tao* nannten, ein Prozess kontinuierlichen Fliessens und Wandels. Alle Vorgänge, die wir beobachten, nehmen ihrer Ansicht nach an diesem kosmischen Prozess teil und sind auf diese Weise von Natur aus dynamisch. Es ist die Haupteigenschaft des Tao, dass seine ständige Bewegung zyklisch verläuft. Alle Entwicklungen in der Natur – die physischen ebenso wie die psychischen und die gesellschaftlichen – laufen zyklisch ab. Dieser Idee gaben die Chinesen durch Einführung der polaren Gegensätze *Yin* und *Yang* eine definitive Struktur, wobei die beiden Pole den Zyklen des Wandels Grenzen setzen. «Nachdem das Yang seinen Gipfel erreicht, zieht es sich zugunsten des Yin zurück; hat das Yin seinen Gipfel erreicht, zieht es sich zugunsten des Yang zurück», sagte der chinesische Philosoph Wang Ch'ung. Diese Äusserung deckt sich auch mit dem I Ging, in dem es heisst:
«Nach einer Zeit des Zerfalls kommt die Wendezeit. Das starke Licht, das zuvor vertrieben war, tritt wieder ein. Es gibt Bewegung. Diese Bewegung ist aber nicht erzwungen. Es ist eine natürliche Bewegung, die sich von selbst ergibt. Darum ist die Umgestaltung des Alten auch ganz leicht. Altes wird abgeschafft, Neues eingeführt, beides entspricht der Zeit und bringt daher keinen Schaden.»
Das Tao ist jenseits von Gut und Böse, Lichtem und Finsterem, Positivem und Negativem, denn das sind die Funktionen von Yin und Yang, der Pole, die sich gegenseitig bedingen. Tao ist weder ausgesprochen das eine noch das andere, sondern schliesst beide in sich. Nach Lao-tse ist Tao daher «aller

Geschöpfe Hort, der guten Menschen Schatz, der bösen Menschen Zufluchtsort». An anderer Stelle sagte er: «Sein und Nichtsein gehen aus einander hervor. Ausgehen ist Leben, Eingehen ist Tod.» Yang besteht nicht ohne Yin, Yin nicht ohne Yang.

Yin ist das Weiblich-Wartende, gegenüber dem Männlich-Drängenden Yang, das Zulassen gegenüber dem Machen. Sind diese beide Kräfte – sei es in der Psyche des Menschen, sei es in der von ihm geschaffenen Zivilisation – nicht im Gleichgewicht, so hat das verheerende Folgen.

Seit den Anfängen der chinesischen Kultur wurde Yin mit dem Weiblichen und Yang mit dem Männlichen assoziiert. Diese uralte Assoziation kann man heute schwer begreifen, weil sie in den darauffolgenden patriarchalischen Zeitaltern mehrfach uminterpretiert und entstellt wurde. In der menschlichen Biologie sind männliche und weibliche Eigenschaften nicht eindeutig getrennt, sondern kommen in unterschiedlichen Proportionen in beiden Geschlechtern vor. In diesem Sinne haben die alten Chinesen auch geglaubt, dass alle Menschen, Männer wie Frauen, Yin- und Yang-Phasen durchlaufen. Die Persönlichkeit jeder Frau und jeden Mannes sei nicht eine statische Einheit, sondern ein dynamisches Phänomen, ein Ergebnis des Zusammenspiels von weiblichen und männlichen Elementen. Diese Anschauung der menschlichen Natur steht in Gegensatz zu der unserer patriarchalischen Kultur, die eine starre Ordnung festgelegt hat, innerhalb derer Männer prinzipiell als maskulin und Frauen als feminin gelten.

Angesichts dieses patriarchalischen Vorurteils ist die häufig anzutreffende Assoziierung von Yin mit Passivität und Yang mit Aktivität besonders fragwürdig.

Eine der wichtigsten Einsichten der alten chinesischen Kultur war die Erkenntnis, dass Aktivität – «das ständige Fliessen

von Umgestaltung und Wandel», wie Chuangtzu es nannte –
ein wesentlicher Aspekt des Universums ist.

Aus dieser Sicht ist Wandel nicht die Folge irgendeiner Kraft,
sondern eine natürliche Tendenz, die allen Dingen und Situationen
von vornherein innewohnt. Das Universum befindet
sich in pausenloser Bewegung und Aktivität, in einem kontinuierlichen
kosmischen Prozess, den die Chinesen das Tao – den
Weg – nannten. Der Begriff der absoluten Ruhe oder Untätigkeit
hat in der chinesischen Philosophie fast ganz gefehlt. Nach
Helmut Wilhelm, einem der führenden westlichen Interpreten
des *I Ging*, ist «der Zustand absoluter Unbeweglichkeit eine
solche Abstraktion, dass der Chinese ... ihn nicht verstehen
könnte».

Die chinesische taoistische Kunst ist voller Zeichen erregter
Yang- und Yin-Kräfte in einer Verbindung, in der sie einander
das Gleichgewicht halten.

In der chinesischen Sprache bedeutet
«yin-chai» die Jenseits-Wohnung, d. h. das Grab,
«yang-chai» die Wohnung auf dieser Welt.
Im *Un-Nennbaren* liegt der Anfang der Welt (von Yin und
Yang, Himmel und Erde),
im *Nennbaren* liegt die Entstehung der Wesen (Gestalten,
Formen);
darum: das absolut *Nichtseiende* (Abstrakte) erstreben, führt
zum Schauen des Geistigen, d. h. zum Erkennen der dahinter
stehenden Triebkräfte; das absolut *Seiende* (Konkrete) erstreben,
führt zum Schauen des Umgrenzten, d. h. der materiellen
Erscheinungsformen. Beides (Geistiges und Materielles) hat
einen gemeinsamen Ursprung und nur verschiedene Namen*.
(Nach Laotse, Kap. 1)

Der Allmachts-Begriff unter verschiedenen Namen, bestehend
aus zwei sich bedingenden Gegensätzen und einem dritten
überbrückenden, ausgleichenden Teil wird symbolisch wie folgt
dargestellt:

---

* Der Urgeist ist zugleich das Ur-Wort, chinesisch: Tao

Derartige Symbole aus der Frühzeit Schottlands sind veröffentlicht von V. C. C. Collum im *Eranos-Jahrbuch* 1938. Die beiden
gegensätzlichen Prinzipien, bei den Chinesen Yin und Yang,
bei den Assyrern und Babyloniern als Lachmu und Lachimu,
entstanden aus den Grundformen *Ram* und *Rem*.

RAM   REM

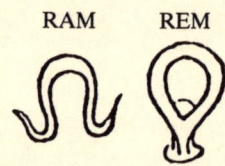

Die beiden Ideogramme die die Gegensätze bezeichnen, sind:
«Widderhörner» für das männliche lichthafte Prinzip und «Uterus» für das weibliche schattenhafte Prinzip. Collum weist auf
die Identität oder Ähnlichkeit des Rem-Zeichens mit dem
indischen Maha-Yoni-Symbol hin: *Rem* = altindisch *Yony*.
Hier eine kurze Zusammenfassung:

Ram	männ-lich	Akti-vität	veran-lassend schöpfe-risch zeugend	positiv (das Volle)	hell (Licht)	Dies-seits-Welt	existie-rend (kon-kret)	befruch-tender Himmel
Rem	weiblich	Passi-vität	empfan-gend hervor-bringend gebä-rend	negativ (das Leere)	dunkel (Schat-ten)	Jenseits-Welt	nicht existie-rend (ab-strakt)	hervor-brin-gende Erde

Die komplementäre Polarität wird durch obiges Schema zum Ausdruck gebracht.

Die Widderhörner befinden sich auch bei einer Anzahl von Persönlichkeiten auf altägyptischen Grabmälern. Dieser Kopfschmuck der Könige und Hohepriester war das Zeichen der geistlichen und königlichen Einweihung. Die zwei Hörner auf der päpstlichen Tiara stammen auch daher.

Die alten Ideogramme für *Ram* und *Rem* wurden nicht nur an verschiedenen Orten Schottlands gefunden, sondern auch in Griechenland und zwar auf einem altgriechischen Vasenbild, veröffentlicht durch Farnells *Cult of Greek States* (Bild-Reproduktion bei Paula Philippson «Thessalische Mythologie», Zürich 1944.) Die Urmutter Hekate breitet ihre Arme wie Fittiche über die Unterwelt aus, links und rechts sind darunter gross und symmetrisch verteilt die beiden polaren Zeichen *Rem* und *Rem* zu sehen. *Ram* ist als ganzer Widderkopf gezeichnet, *Rem* nicht als gesamter Uterus, sondern nur als Eingang dazu. Die Verbindung der beiden Prinzipien wird durch das dritte Element, den Blitzspeer, der durch sie hindurchfährt, dargestellt. Der Blitz schafft den Ausgleich zwischen den beiden Prinzipien, dem positiven und dem negativen.

Das männliche Prinzip *Ram* ist sprachlich mit dem indischen Ravi = Sonne verwandt, aber auch mit dem altägpytischen *Ra* = Sonne, Sonnengott. Das weibliche Prinzip *Rem* ist sprachlich mit dem Gotischen *Rimis* = Passivität, Ruhe verwandt, aber auch mit dem Hebräischen *Re-Phaim* = die *Rem*-Welt, das Leben nach dem Tode. Griechisch é-rema = ruhig.

Ein Symbol,
bei dem zwei Gegensätzlichkeiten verbunden sind,
nämlich die Waagerechte und die Senkrechte,
ist folgendes:

Die Mäander-Linie:

rechtwinkliger Mäander

spiraliger Mäander

Fortlaufendes harmonisches Ineinandergreifen des männlichen und des weiblichen Prinzips. Sekundär auf Flüsse übertragen. Alles Existierende spiegelt in seiner Weise den Rhythmus einer ewigen Bewegung wider, denn das kosmische Gesetz überbrückt den Abgrund, der scheinbar das unendlich Kleine vom unendlich Grossen trennt. Es enthüllt das Wirken einer allumfassenden Harmonie, die sich dem Mystiker in seiner Meditation offenbart.

Die Mäander-Linie entspricht auch einem Ausspruch von Lao-tse, Kap. 40: «Umkehr ist die Funktion von Tao. Das Hohe drückt er nieder, das Niedrige macht er hoch.»

Man findet das Mäandermuster nicht nur in Europa und Asien, sondern auch in Süd-, Mittel- und Nordamerika. Es scheint, wie Marcel Homet meint, dass es vielleicht aus einer verschollenen Hochkultur stammt bzw. von den Hyperboreern stammt. Das Muster demonstriert nach Homet das Prinzip von Evolution und Involution der Menschheit oder der materiellen Welt.

Das Wort Mäander setzt sich wie folgt zusammen:
Mai-ander = maia = weibliches Prinzip, andr = männliches Prinzip.

Die Polarität findet sich in der gesamten chinesischen taoistischen Kunst, intensiv und in allen Einzelheiten dargestellt. Vergl. z. B.: *Tao, die Philosophie von Sein und Werden* von Philip Rawson und Laszlo Legeza, München.

Die rhythmische Bewegung der Mäanderlinie symbolisiert auch das rhythmische Schwanken von Ein- und Ausatmen, Schlafen und Wachen, Wachstum und Winterruhe, das bekanntlich zu allen Lebenserscheinungen gehört, während umgekehrt der starre, unbeeinflussbare Takt Kennzeichen des Anorganischen, Unbelebten ist. Wird dieser Rhythmus unterdrückt oder zum starren Takt verfälscht, so haben wir einige typische Erscheinungen der Geistes- oder Gemütserkrankungen vor uns: Die völlige Unterdrückung des Rhythmus in Gestalt der Hemmung aller inneren Antriebe führt zur Depression, das Gegenteil zur Manie, den beiden typischen Phasen der zyklothymen Erkrankungen (Prof. Wolfgang Klages in seinem Vortrag *Rhythmus und Takt aus der Sicht der Psychatrie*).

Thot ist dargestellt als Ibis, dem Symbol der Weisheit, der auf
dem Kopf die Sonne und den Mond trägt, Symbole für die Tag-
und Nachtwelt. Nach den Überlieferungen zahlreicher griechi-
scher Schriftsteller *entsprach der Mond der passiv-weiblichen
Ursubstanz*, welche hier von dem *Feuer der aktiv-männlichen
Sonne* durchwärmt, gleichsam befruchtet wird. In der linken
Hand trägt er das Henkelkreuz, das Symbol des *Lebens*, in der
rechten das Szepter, das Symbol der Kraft, die aber auch das
Verderben sein kann. Vergl.: Victor K. Wendt, *Urpotenz und
Stufen zur Materie*, Kapitel Die Polarität, S. 80, Lübeck/1979.

Das altägyptische *Thot* (Tou-t) entspricht dem chinesischen
Tao. Thot ist der Herr von Diesseits und Jenseits; in der lichten
Welt vertreibt er die Finsternis, in der dunklen Welt ist er der
Lichtträger.

Bei den nordamerikanischen Indianern heisst der Welten-
geist *Mani-Tou*. Mit adverbialer Endung finden wir das Wort in
to-t-em (Totem), das was alles ist oder was in allem ist. Eine

weitere Ableitung sehen wir in «tabu», dem Unaussprechlichen oder Heiligen.

Das altägyptische Schicksalsrad:

Das Schicksalsrad symbolisiert das Wirken der göttlichen Ordnung und Notwendigkeit. Es zeigt ein Rad, das sich drehender Bewegung befindet, wie an den im Winde flatternden Bändern ersichtlich ist. Auf ihm liegen zwei Tiere, ein Schakal und ein Nilpferd. Diese zwei Tiere symbolisieren die aufbauenden und zerstörenden Kräfte, die im Schicksalsgeschehen der einzelnen Menschen wie auch der Völker wirksam sind.

Über dem Schicksalsrad aber liegt unbeweglich die Sphinx, die die Gesamtheit aller aufbauenden und zerstörenden Kräfte in sich birgt. Sie verkörpert das Geheimnis des ewigen Lebens, den göttlichen Geist des Horus, der unbekümmert von den Schicksalswandlungen als Leiter der Schicksalsmacht über dem Schicksalsrad thront. In den Auswirkungen des Schicksals waltet der allweise Geist göttlicher Allmacht. Vergl.: Victor K. Wendt, *Urpotenz und Stufen zur Materie*, Kapitel Die Polarität, S. 79, Lübeck 1979

Auswirkungen der Polarität
beim Menschen

Wille und Vernunft

Der Wille und die Vernunft, diese siamesischen Zwillinge, sind geborene Gegenspieler: ohne den anderen kann keiner etwas sein. Was bewirkt ein noch so leidenschaftlicher Wille ohne vernünftiges Abschätzen dessen, was geht? Was nützt der hochfliegendste Bauplan ohne gründliche Kenntnisse des Bodens? Anders herum aber auch: was nützt alle Überlegung ohne ein Ziel? *Zusammen* müssen sie ins Spiel kommen, unbändiger Wille auf der einen Seite, bändigende Vernunft auf der anderen. Wer eins vom anderen isoliert, der verliert: das liegt in der Natur der Sache, in unserer Natur. Ungezügelt geht er durch, der wilde Gaul, und verrennt sich. Anders herum natürlich auch: was nützen Zügel ohne Gaul?

Nur die zusammengespannten Gegensätze halten alles Wirkliche zusammen und bewirken, das es wirken kann. Diese Polarität sieht bildlich so aus: Der blinde Wille ist wie ein wildes Tier, das gezähmt werden muss und auch gezähmt werden kann. Das aber ist äusserst anstrengend und wirkt kein bisschen heroisch. Ohne den Gegenspieler «Vernunft» ist ein lebenswertes Leben nicht möglich.

Hoher und niederer Charakter

Eigenschaften des geistigen Adels sind:
    Geduld, Wohlwollen, Güte, Mut, Liebe, Sanftmut, Offenheit, Aufrichtigkeit, Überzeugungskraft, Wahrheitsliebe,

Bescheidenheit, Zufriedenheit, Hilfsbereitschaft, Toleranz, Vergebung, Demut, Arbeit, Dienen, Dankbarkeit.

Niedrige Eigenschaften sind:
    Zurschaustellung von Macht, Reichtum und auffälliger Kleidung, Selbstgefälligkeit[1], herrisches Wesen[2], Lust, Zorn, Gier, Eitelkeit, Hass[3], Trägheit, Zank, Nörgelei, despotische Geisteshaltung, Unwahrhaftigkeit, Unzufriedenheit, Feigheit, Intoleranz, Undank.

Schrift und Gedächtnis

Die Polarität als Weltprinzip zeigt sich auch, wie in allen Erscheinungen, bei der Entstehung der Schrift; denn: jeder Vorteil muss mit einem Nachteil erkauft werden.
    Während in früheren Jahrtausenden die mündliche Überlieferung die geschichtlichen Erfahrungen übermittelte und so das Gedächtnis stärkte, sorgte die Schrift dafür, dass das Auswendiglernen vernachlässigt wurde.
    Der Vorteil, den die Schrift bot, hatte den Nachteil, dass die Gedächtisleistungen immer mehr vernachlässigt wurden. Die altindischen Veden, die etwa um 500 v. Chr. schriftlich niedergelegt wurden, sind eigentlich schon etliche Jahrtausende alt; die Überlieferung erfolgte ursprünglich nur mündlich. Es gibt sogar heute noch Yogis, die Tausende von Seiten aus den alten heiligen indischen Büchern auswendig vortragen können.

[1] Wer die Befriedigung privater Ansprüche, der Geltungssucht, der Besitz- und Machtbegierde zu seinem Lebensprinzip macht, ist innerlich unfrei. Die Selbstsucht ist ein schlechter Ratgeber, der nicht zur Selbstverwirklichung führen kann. (Herbert Kessler)
[2] Herrisches Wesen und Hochmut sind das Gegenstück zur Demut und Bescheidenheit. Der Arrogante ist nirgends beliebt.
[3] Hass ist eine feindselige Einstellung, die das Herz ebenso schädigen kann wie z. B. hoher Blutdruck, wie R. B. Williams jr. von der Duke University in Durham/Nordkarolina, feststellte. Für ihn bedeutet Feindseligkeit eine ablehnende und misstrauische Haltung gegenüber anderen Menschen. Solche Menschen mit dieser Einstellung neigen leicht zu Wutausbrüchen und sind herzinfarktgefährdet.

Auch die Homerschen Epen wurden, bevor Homer sie übermittelte, mündlich überliefert. Selbst Homer trug ursprünglich seine Epen, auch aus dem trojanischen Sagenkreis, an den ionischen Fürstenhöfen im Sprechgesang vor. Das taten später in den europäischen Ritterburgen auch die alten Barden und die Minnesänger, die häufig weder lesen noch schreiben konnten. Auch sie verfügten über ein vorzügliches Gedächtnis.

Wie weit unsere Gedächtnisleistungen verkümmert sind, zeigt sich beispielsweise schon daran, dass selbst bei Volksliedern meist nur noch die erste Strophe auswendig gesungen werden kann.

Polarität in der menschlichen Stimme
Weibliche und männliche Stimme

So verschieden ein Mensch vom anderen ist, so ist auch die Klangfarbe seiner Stimme verschieden. Während bei Kindern der Klangunterschied untereinander noch verhältnismässig gering ist, verändert sich die Stimme des Knaben im Pubertätsalter. In dieser Zeit des Stimmbruchs oder Stimmwechsels wird die Stimme durch Veränderung des Kehlkopfs tiefer. So haben wir zwei Stimmlagen: die männliche und die weibliche.

In der Höhle des Orakels, die in der Nähe von Valetta auf der Insel Malta vor einiger Zeit entdeckt wurde, und deren Alter auf 4000 Jahre geschätzt wird, sind von englischen Gelehrten Tonregistrierapparate von ganz besonderer Feinheit aufgestellt worden, um einem Geheimnis des Altertums aufzuspüren. Eine alte Sage berichtet, dass die Höhle, die eine Menge unterirdischer Räume enthält, zu Orakelzwecken benutzt wurde. Der Priester, der Auskunft gab, befand sich im tiefsten Innern der Höhle und wurde von den Fragenden nie gesehen. Seine Stimme kam aber mit grösster Deutlichkeit zu ihnen.

Man hat nun entdeckt, dass eine männliche Stimme, die vom Innern der Höhle hervordringt, tatsächlich in allen übrigen Räumen sehr gut vernehmbar ist, eine weibliche Stimme aber nicht gehört werden kann. Man vermutet, dass es sich um eine merkwürdige akustische Erscheinung handelt, durch die tiefe Töne an den Wänden und Decken zurückgeworfen werden, so dass ein mehrfaches Echo entsteht, während die höheren Töne von den Felswänden aufgefangen und deshalb nicht weitergeleitet werden.

Die verschiedenen Stimmlagen der menschlichen Stimme werden in der musikalischen Praxis auch entsprechend unterteilt, so zum Beispiel bei Frauenstimmen in Sopran, Mezzosopran und Alt, bei Männerstimmen in Tenor, Bariton und Bass. In der Bühnenpraxis nimmt man noch weitere Abstufungen vor. Es ist erstaunlich, welch weite Modulationsfähigkeit manch eine Stimme besitzt. Namen wie Jenny Lind, die «schwedische Nachtigall», Maria Callas oder Fedor Schaljapin und Benjamino Gigli mögen für diesen Hinweis genug Beweise sein.

Warum wirkt es so ergreifend und erhebend, wenn viele versammelte Menschen einen Gesang anstimmen? Derselbe Klang, dieselbe Stimmung jeder einzelnen singenden Person wirken auf alle Anwesenden einigend. Weibliche und männliche Stimmen scheinen geradezu zu verschmelzen. Ihr Gesang wirkt beseligend aufeinander.

Ob eine Stimme klar ist oder heiser, glatt oder rauh, klingend, vibrierend oder starr und knarrend, frisch und voll oder flach und schwerfällig, ruhig und fest oder schnell und überhastet, fett und ölig oder spröde, leise, gelispelt, geziert oder laut und natürlich – immer gibt die Stimme die Persönlichkeit und Eigenart des Sprechers wider und kennzeichnet seine Einmaligkeit.

Die menschliche Sprache ist eine Art Magie der Seele, denn die Eigenart des Sprechers ist innig mit dem Denken, Fühlen, ja mit dem ganzen inneren Dasein des Menschen verbunden.

Die Polarität in den beiden Gehirnhälften

Im Vortrag von Agnes und Reinhold Klein beim 8. Sokratischen Treffen 1983 in Mannheim zum Thema «Das Nichtwissen des Sokrates und der Goldene Esel von Apuleios» wurde der

Unterschied zwischen der linken und der rechten Hirnhälfte in interessanter Weise herausgestellt.

Zu den Entdeckungen der modernen Hirnforschung gehört die Feststellung, dass das Gehirn aus zwei Zellenpaketen, den sogenannten Grosshirnhalbkugeln, besteht und diese beiden Hirnhälften verschiedene Fähigkeiten und Aufgaben haben. Es ist, als lebten zwei Wesen, zwei Bewusstseinsbündel im selben Schädel; das eine dominierend, das andere rezessiv (zurückhaltend), beide in ständiger Verbindung miteinander, jedoch mit verschiedenen Aufgaben beschäftigt.

Zur Frage, wie die Forscher diese aussergewöhnliche Beschaffenheit des Gehirns entdeckt haben: Durch einen in der Wissenschaft verhältnismässig gängigen Umstand – ein Zusammentreffen von Glück, Vorstellungsgabe und Geschicklichkeit. Den ersten Schritt tat ein Chirurg. Um die Ausbreitung der lebensgefährlichen Epilepsie von einer Hirnhalbkugel zur anderen bei einer Reihe von Patienten einzudämmen, schnitt der Chirurg die Faserstränge durch, die die beiden Hirnhälften miteinander verbinden. Die Operation war erfolgreich, die gesundheitliche Gefährdung gemildert, doch, wie ein wissenschaftlicher Beobachter bemerkte, die anschliessende psychologische Untersuchung war noch erfolgreicher. Denn am California Institute of Technology arbeiteten Forscher unter der Leitung von Roger Sperry eine äusserst detaillierte Testreihe aus, um genau herauszufinden, was wo in den nun voneinander isolierten Hirnhälften vorging. Dem Kreuzmuster des menschlichen Nervensystems zufolge ist bei rechtshändigen Menschen die linke Hirnhalbkugel aktiv, während die rechte Halbkugel Befehle von ihr empfängt. Durch sorgfältige Versuche mit den voneinander getrennten Hirnhälften, die gesondert mit Informationen gespeist wurden, konnten Sperry und seine Kollegen die Funktionen aufzeichnen, die die beiden Halbkugeln voneinander unterscheiden. Sie stellten fest, dass die normalerweise dominierende linke Grosshirnhalbkugel der Sitz der logischen, analytischen, zeitempfindlichen, sprachlichen und mathematischen Fähigkeiten ist, in gewissem Sinne also der Ursprung des Rationalen im Menschen. Die rechte Hirnhälfte hingegen ermöglicht die Wahrnehmung des Raumes und die Gesamtschau der Dinge. Sie ist die Quelle der intuitiven, nichtverbalen, künstlerischen und schöpferischen Fähigkeiten des Menschen, mit deren Hilfe er Gesichter, Bilder und Träume erkennt.

Diese faszinierenden Erkenntnisse bewirkten, dass Vertreter zahlreicher Forschungsgebiete nun glaubten, einige grundlegende Probleme der menschlichen Existenz klären zu können, von den grossen philosophischen Fragen (Wer bin ich? Was ist Wirklichkeit?) bis zu praktischen Überlegungen, ob und wie man z. B. lernbehinderten Kindern helfen kann. Auch die Parapsychologen begannen sich zu fragen, ob die intuitive Hirnhälfte nicht auch der Sitz der Psifähigkeiten sein könne. Der Psychiater Jan Ehrenwald schrieb in *The ESP Experience* (Die aussersinnlichen Wahrnehmungen) «Wenn ein Skeptiker dazu neigt, die Frage nach Psiphänomenen als Hirngespinnst abzutun, so wird er die Suche nach ihrem Ursprung vollends für sinnlos halten. Dennoch besteht kein Zweifel darüber, dass die Psiphänomene, trotz ihrer angeblichen nichtphysikalischen, aussersinnlichen und paranormalen Natur, irgendwo im Nervensystem verankert sind.» Der britische Parapsychologe Richard Broughton kam auf einem etwas anderen Weg zur gleichen theoretischen Schlussfolgerung. Wenn paranormale Informationen im Nervensystem ankommen oder existieren, so müssen sie, folgerte er, irgendwo die Grosshirnrinde durchqueren und dürften demnach ihren Ursprung in der einen oder anderen Grosshirnhalbkugel haben. Und da die Äusserungsformen von Psi so unvorhersehbar und unberechenbar scheinen und fast immer erst durch die Sprache fassbar werden, die in der linken Hirnhälfte entsteht, so durchquert zwar Psi wahrscheinlich diese Hirnhälfte, muss aber nicht auch dort entstehen. In seinem Aufsatz «Psi and the Two Halves of the Brain» (Psi und die beiden Grosshirnhälften) schrieb Broughton: «Vielleicht sollten wir, wenn auch nur zum Spass, der rechten, rezessiven Hirnhälfte für ASW (= aussersinnliche Wahrnehmungen) mehr Bedeutung zugestehen. Vielleicht ist etwas in der linken Halbkugel, das ASW nicht mag oder sich damit nicht verträgt.» Aber: Warum sollten die Fähigkeiten der aussersinnlichen Wahrnehmung und der Psychokinese (PK) nicht in der schöpfe-

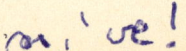

rischen Hälfte des Gehirns beheimatet sein? Möglich ist es durchaus, und die Forschung hat es weder beweisen noch widerlegen können. Wie dem auch sei, eine Reihe von Hinweisen deutet an, dass ASW ihren Ursprung in der rechten Hirnhälfte haben. In seinem Aufsatz führt Broughton mehrere Fälle an, die er in der Encyclopedia of Psychic Science gefunden hatte. So zum Beispiel den Bericht über das berühmte Medium Eusapia Paladino, die während ihrer Trancezustände die Dominanz der Hand von rechts nach links verlagerte, was bedeutet, dass auch die Dominanz der Hirnhälften wechselte und sich bei verstärkter psychischer Aktivität in die rechte Hälfte verlagerte, für die ihre linke Hand zuständig war. –

Wenn es gelänge, beide Hirnhälften in gleicher Weise zu mobilisieren und das ganze Gehirn gleichermassen zu nutzen, stünde die Evolution praktisch vor einer Wende. Denn jede der beiden Gehirnhälften kann für sich denken und lernen. Hier liegt die Chance – anthropologisch, psychologisch, pädagogisch – für alle und für jeden einzelnen. Bei schöpferischen Menschen ist das ganze Gehirn meist im Einsatz und also auch jene Möglichkeit des Geistes, sich das Unbewusste verfügbar zu machen. Der Perfektionsgrad in der Koordination beider, der dominanten und der nicht-dominanten Hemisphäre, entscheidet über den gesamten Bewusstseinshaushalt, über Dynamik, Kontaktfähigkeit, Kreativität usw.

Zu diesem Modell der rechten und linken Gehirnhemisphäre gibt es die schon anderweitig erwähnte jahrtausendealte chinesische Analogie, die zugleich Ausdruck einer grundlegenden Gesetzmässigkeit der Existenz ist – das taoistische Yin-Yang-Symbol. Yin und Yang, rezeptive und aktive Kraft, stellen zwei Hälften eines Kreises dar, doch sie sind nicht linear getrennt, sondern durch zwei Sinuskurven, so dass die eine in die andere hineinzugreifen scheint; die rezeptive drängt sich von unten nach oben, die aktive von oben nach unten; jede trägt den Keim der anderen in sich. Das lebende Zusammenspiel dieser beiden Hälften, so sagt das Symbol aus, ist die Bedingung für die Ganzheit.

Der englische Philosoph und China-Experte John Blofeld meinte hierzu: «Der Wert der dichterischen Phantasie für denjenigen, der über die grobe Materialität hinausgehen möchte, kann gar nicht genug betont werden.» Ein andermal sagte er: «Die Mythen öffnen der Wahrnehmung für das Wesen des Seins mehr Türen als die Wissenschaft, die lediglich mit der materiellen Welt zu tun hat und nichts über die Ebenen der Wahrheit auszusagen weiss, derer man nur gewahr wird, wenn man die Illusion grober Materialität durchschaut hat.»

In seinem berühmt gewordenen Buch *Wendezeit* äussert sich Fritjof Capra zu diesem Thema folgendermassen: «Forschungsarbeiten in den letzten zwanzig Jahren haben übereinstimmend gezeigt, dass die beiden Hälften des Gehirns dazu tendieren, entgegengesetzte, jedoch komplementäre Funktionen auszuüben. Die linke Hälfte, welche die rechte Körperhälfte kontrolliert, scheint mehr auf analytisches, lineares Denken spezialisiert, wozu auch die Verarbeitung von zeitlich aufeinanderfolgenden Informationen gehört. Die rechte Gehirnhälfte, welche die linke Körperseite kontrolliert, scheint überwiegend auf eine ganzheitliche Weise zu funktionieren, welche besser für Synthese geeignet und geneigt ist, Informationen diffuser und gleichzeitig zu verarbeiten.»

Gehirnforscher haben in der Vergangenheit oft die linke Hälfte des Gehirns als die überlegene und die rechte als die minderwertige Hälfte bezeichnet und damit die für unsere kartesianische Kultur typische Bevorzugung von rationalem Denken, Quantifizierung und Analyse ausgedrückt. Tatsächlich ist die Bevorzugung von Werten und Aktivitäten, die in Zusammenhang mit der «linken Gehirnhälfte» und der «rechten Hand»stehen, viel älter als die kartesianische Weltanschauung. In den meisten europäischen Sprachen wird die rechte Seite mit gut, gerecht und tugendhaft assoziiert, die linke mit böse, Gefahr und Argwohn. Das Wort «recht» selbst bedeutet ja auch «richtig», «angemessen» oder «gerecht», im Deutschen wie im Englischen, während «sinister», das lateinische Wort für «links», etwas Böses und Bedrohliches bezeichnet. Das deutsche Wort für Gesetz lautet auch «Recht», genau wie im Französischen das Wort «droit». Beispiele dieser Art lassen sich in praktisch allen westeuropäischen Sprachen und wahrscheinlich auch in vielen anderen finden. Die tiefverwurzelte Bevorzugung der rechten Seite – derjenigen, die von der linken Gehirnhälfte kontrolliert wird – in so vielen Kulturen gibt zur Frage Anlass, ob das nicht mit dem patriarchalischen Wertsystem zusammenhängt. Was auch immer der Ursprung sein mag – seit einiger Zeit gibt es Versuche, eine ausgeglichenere Anschauung von der Gehirnfunktion zu fördern und Methoden zu entwickeln, um die eigenen geistigen Fähigkeiten durch Stimulation und Integration der Funktionen beider Gehirnhälften zu vergrössern.

Die Schriftstellerin Renée Haynes erklärte zu dem Phänomen Arthur Koestler, dem kürzlich verstorbenen Schriftsteller und Philosophen, folgendes: «Er war in der Lage, die Arbeit der beiden Gehirnhälften miteinander zu vereinen, die intuitive und die wissenschaftliche Seite, indem er beiden Gültigkeit und Bedeutung zumass.»

Der Literaturkritiker Roy Webster versuchte Koestler einmal so zu charakterisieren: «Über Koestler wird oft diskutiert, als ob er zwei Schriftsteller in einer Person wäre, dass ein echtes, interdisziplinäres Befasstsein mit den Dingen möglich ist.»

Tatsächlich hätte man über Koestler jedoch auch reden oder schreiben können, als ob er drei oder vier Schriftsteller in einer Person gewesen wäre: Über ihn als Romancier, politischer Essayist, Wissenschaftshistoriker und Bewusstseinsforscher.

Die Forschungen der letzten Jahre haben also gezeigt, dass bei normalen, rechtshändigen Menschen die beiden Hirnhälften verschiedene Aufgaben erfüllen. Beim Rechtshänder ist die linke Hirnhälfte die dominante, wie man sagt. Nach Eccles und Zeier (*Gehirn und Geist,* München 1980) sind ihre wichtigsten Funktionen: die Verbindung zum Selbstbewusstsein, der sprachliche Ausdruck, abstrakte Analogien, Wachzustand, Detailanaylse, arithmetische Fähigkeiten, logisches Denken, Einstellung auf Subjekt/Objekt-Beziehung. Die Funktionen der rechten, untergeordneten Gehirnhälfte umfassen: die Einstellung auf die Subjekt/Kosmos-Beziehung, opitsche Strukturwahrnehmung, Musikalität, zeitliche Integration, Traumerlebnisse, ganzheitliche Zusammenhänge, paranormale Bilderwelt, den schöpferischen Funken.

In seiner Arbeit «Über Links und Rechts» (Z. ges. Neurol. Psychiat., 124, S. 451–511, 1930) beschrieb F. S. Rothschild lange vor der neueren Hirnforschung die Bedeutung der Körperseiten sowie der Hirnhemisphären und ging in seinen Ansichten noch über die Feststellungen der heutigen Forschung hinaus. Nach ihm spiegeln sich in der rechten Hirnhälfte unsere Traumerlebnisse sowie die parapsychologische und schöpferische Begabung.

Polare Wirkungen von Endorphinen

Anfang der 70er Jahre unseres Jahrhunderts hatte die amerikanische Doktorandin der Neurologie Candace Pert die wissenschaftliche Welt mit einer Entdeckung überrascht, deren Auswirkungen auch heute noch nicht abzuschätzen sind. Sie fand im Gehirn Stellen, an denen offenbar Rezeptoren für Opiate vorhanden sind. Rezeptoren sind Aufnahmeorgane im Gehirn, bestehend aus Zellen, in die ein Molekül einer bestimmten pharmakologischen Substanz oder eines natürlich produzierten chemischen Stoffes hineinpasst wie ein Schlüssel ins dazugehörige Schlüsselloch. Die Tatsache, dass unser Gehirn Rezeptoren für Opiate, wie Morphium und Heroin, besitzt, legte nahe, dass es auch seine eigene Version dieser Substanzen zu produzieren imstande ist.

Nur kurze Zeit später entdeckten die schottischen Wissenschaftler John Hughes und Hans Kosterlitz eben diese natürlichen Opiate unseres Körpers: die Endorphine.

Candace Pert entwickelte eine Methode, radioaktive Substanzen an einen chemischen Träger zu binden. Das Verfahren wurde an Versuchstieren erprobt, deren Gehirne man nach Verabreichung der Substanz untersuchte, um festzustellen, zu welchen Plätzen im Gehirn die radioaktiv codierte Droge gewandert war. Auf diese Weise wurden bereits an die 50 verschiedene Gehirnrezeptoren gefunden.

Der Effekt, den die Endorphine an ihren Rezeptoren hervorzurufen vermögen, wurde erst in allerjüngster Zeit eingehender erforscht.

Der Neurophysiologe Larry Stein von der University Irvine in Kalifornien hat aufgrund eingehender Studien nachgewiesen, dass Endorphine nicht nur ein Schmerzstillungsmittel darstellen, sondern auch als eine Art inneres «Belohnungssystem» fungieren: Immer wenn Menschen sich mit bestimmten Aufgaben oder Aktivitäten beschäftigen, werden Neurosubstanzen freigesetzt, die sich entweder als angenehmes oder unangenehmes Gefühl bemerkbar machen. Die Endorphine wirken also auch als Belohnungs- und Bestrafungs-Substanzen und sind keineswegs nur im menschlichen Gehirn vorhanden, sondern auch bei Tieren. Selbst Insekten besitzen Endorphine und andere Neurochemikalien, die denen gleichen, die unsere eigenen emotionalen Schaltbahnen regulieren.

Die Freisetzung von Endorphinen findet im Normalfall als Reaktion auf Schmerz, Stress, gewisse Arten von «Gipfelerlebnissen», vielleicht aber auch als Reaktion auf «Glaubenshaltungen» statt. Der Schmerz ist ein Signal des Körpers, dass mit ihm etwas nicht in Ordnung ist. Wird aber der Schmerz zu stark oder hält er zu lange an, wirkt er destruktiv. Neurohormone werden dann freigesetzt, um den Schmerz zu unterbinden und bisweilen sogar eine euphorische Stimmung zu erzeugen. Typisches Beispiel: Bei schwangeren Frauen etwa steigt die Endorphinproduktion im letzten Drittel der Schwangerschaft, bis sie gegen Ende der Wehen einen Höhepunkt erreicht. Dies ist eine Erklärung von Freude, die manche Frauen bei natürlichen Geburten erleben; die Endorphine haben sowohl den Schmerz selbst als auch die Erinnerung an ihn herabgesetzt.

Der Elektrophysiologe James Henry von der McGill University sieht einen Zusammenhang zwischen Trancezuständen, Meditation, dem berühmten euphorischen Gefühl der Langstreckenläufer und den natürlichen Opiaten im Gehirn. Henry nimmt an, dass die Opiatrezeptoren nicht nur im Gehirn angesiedelt sind, sondern in allen Teilen des Körpers. So könnte man möglicherweise die Schmerzunempfindlichkeit von Feuerläufern erklären.

Rationales Denken und Intuition
Ein polares Wechselspiel

Nach der Formulierung des Physikers Fritjof Capra ist die Intuition ein Bewusstseinszustand, in dem die Wirklichkeit nicht in linearer Weise erfasst wird, und in dem Verbindungen und Verknüpfungen erfasst werden, ohne dass man das zum Beispiel aussprechen oder rational erklären könnte. Erklärungen gehen rational, linear über die Sprache über das rationale Denken.

Die Intuition ist ein notwendiges Hilfsmittel der wissenschaftlichen Forschung, der Kern des neuen Denkens. Das hängt auch mit Kreativität zusammen. Wenn z. B. ein Wissenschaftler etwas Neues findet, dann ist das ein intuitiver Sprung. Der kann mal kurz oder niedrig sein, er kann sich auch auf etwas Grösseres ausdehnen. Es gibt Wissenschaftler, die stärker in ihrer Intuition sind, andere sind schwächer. Die Intuition ist u. a. der innere Kern der Forschung. Was die Intuition findet, wird durch die Ratio ausgearbeitet. Das ist ein Wechselspiel.

Das Logos- und das Eros-Prinzip

Zur *Natur* des Menschen: Wir Menschen sind wie *Pflanzen*, denn in unserem Körper spielen sich komplexe Geburts-, Wachstums- und Verfallsvorgänge ab, von denen wir so gut wie nichts wahrnehmen und die wir bestimmt nicht beeinflussen können. Wir sind aber auch *Tier*, und zwar insofern, als wir auf Urinstinkte reagieren, die uns die Natur mitgegeben hat, oder auf bedingte Reflexe, die wir der Gesellschaft verdanken. Unsere Handlungen werden bekanntlich weitgehend von Trieben und Leidenschaften, insbesondere Geltungsbedürfnis, Vorurteilen und Meinungen bestimmt oder bestenfalls einem teilweisen, auf unsere Interessen zugeschnittenen Verständnis der Lage. Der *Mensch* hat jedoch die Möglichkeit, sich *über* diese Situation zu stellen, denn er entwickelt ja die Fähigkeit, das von den Erfahrungstatsachen gebildete Schema zu erkennen, sich ein Urteil zu bilden und danach zu handeln. Um jedoch zu einem solchen Urteil zu gelangen, braucht der Mensch ein Kriterium, einen gewissen inneren Massstab. Das wiederum erfordert, dass er die Natur seines inneren Selbst kennt. Dieses Problem haben Tiefenpsychologen insbesondere C. G. Jung, untersucht.

Man hat bei dem sich daraus ergebenden Gesichtspunkt davon auszugehen, dass unsere Persönlichkeit jeweils aus Kombinationen universeller Eigenschaften besteht. Da haben wir beispielsweise als zwei Primäraspekte das maskuline, kritische Urteil ergebende *Logos-Prinzip* und das feminine, gefühlsbezogene *Eros-Prinzip*. Bei selbständigem Handeln führt das maskuline Prinzip zu unfruchtbarem Intellektualismus, vom femininen unterstützt jedoch zu echter Weisheit. In seiner negativen Form erscheint es als egoistische Arroganz oder – sollte sie fehlen – als Gleichgültigkeit. Wirkt sich dagegen das feminine Prinzip allein aus, so führt dies zu kraftloser Sentimentalität, ergibt aber mit Unterstützung durch das Maskuline ein tiefes, stärkendes menschliches Verständnis. In seiner negativen Form zeigt es sich als zänkisches Wesen.

Die Entwicklung und Auswirkungen dieser psychologischen Eigenschaften der Menschheit prägen sich in den universalen Aspekten der Mythologie, Legenden und bildenden Künste aus. Dies lässt sich durch ein Beispiel von aktueller Bedeutung illustrieren. *Laokoon* von Troja war ein Priester, der dem Gott Apollo diente, bis er seinen eigenen Weg ging, worauf der Gott Schlangen aussandte, um Laokoon und seine Söhne zu vernichten. Genauso steckt im Menschen von heute etwas, das ihn vergessen lässt, dass er ein Kind der Natur ist, und so versucht auch er sich in der Macht, die er schon kennengelernt hat, um selbst mächtig und götterähnlich zu sein. Er hat zweierlei Söhne. Die einen nehmen seine Autorität von eigenen Gnaden hin und glauben daran; die anderen dagegen wissen, dass dem nicht so ist, müssen sich aber dennoch immer wieder an ihn halten, weil der Mensch sich alle höheren Kompetenzen angemasst hat. Weil unter diesen Verhältnissen der Mensch nicht länger die positiven, schöpferischen Kräfte zur Geltung bringt, erheben sich die negativen, primitiven und zerstörerischen

Kräfte, und es kommt zur Katastrophe. Dann wird dem Menschen klar, wie unzulänglich er ist, und er wendet sich verzweifelt an die Götter. Doch nun ist es zu spät.

Diese Elemente sind in der modernen Gesellschaft deutlich erkennbar; jeder einzelne von uns trägt sie in sich. Auch sie lassen uns das mögliche Unheil ahnen. Um es abzuwenden, müssen wir uns wappnen und die positiven schöpferischen Kräfte entwickeln.

Der Rhythmus, die polare Erscheinung alles Lebendigen

Das rhythmische Schwanken von Ein- und Ausatmen, Schlafen und Wachen, Wachstum und Winterruhe gehört bekanntlich zu den Lebenserscheinungen, während umgekehrt der starre, unbeeinflussbare Takt Kennzeichen des Anorganischen, Unbelebten ist. Wird dieser Rhythmus beim Menschen unterdrückt oder zum starren Takt verfälscht, so haben wir einige typische Erscheinungen der Geistes- oder Gemütserkrankungen vor uns. Die völlige Unterdrückung des Rhythmus in Gestalt der Hemmung aller inneren Antriebe führt zur Depression, das Gegenteil zur Manie, den beiden Phasen der zyklothymen Erkrankungen.

Ein dem ganzen Organismus übergeordneter Rhythmus, der am stärksten in unser Leben eingreift, ist der von Wachen und Schlafen. Er offenbart in grundlegender Weise das in allen Rhythmen mehr oder weniger verborgene Wechselspiel von Leib und Seele. Er entspricht einem täglichen Atmungsprozess höherer Ordnung. Denn beim Einschlafen löst sich die Seele weitgehend vom leiblichen Instrument, um am Morgen in die zurückgelassene Hülle wieder einzuziehen. Die polaren Lebensphasen des *bewussten*, mit Abbauprozessen im Sinnes-Nerven-System verbundenen seelischen Lebens und der *unbewussten* organischen Aufbau- und Regenerationstätigkeit werden so vermittelt.

So wie die spriessende und blühende, lichtverwandte Pflanze einen Teil ihrer Lebenskräfte in die Wurzel und in die Finsternis hineinopfern muss, um sich in der Erde verankern zu können, so muss sich ein Teil unserer Seelenkräfte in leibgebundener Unbewusstheit in den organischen Tiefen betätigen. Es ist echter, wenn auch unbewusster Lebenswille, der in der Herz- und Atemmuskulatur wirkt. Ein solcher leibgebundener dumpfer Wille regt sich aber auch in der glatten Muskulatur der Stoffwechselorgane und bewirkt deren Tonus. Darüber hinaus walten zum Beispiel schon in jedem Atemzug feine unterbewusste Sympathie- und Antipathie-Kräfte, die ersteren in der Ein-, die letzteren in der Ausatmung. Diese Grundkräfte der Seele wirken überall mit dem Lebenswillen zusammen. Wo es gilt, sich mehr oder weniger lustvoll zu öffnen, Stoffe aufzunehmen und aufzubauen, werden Sympathiekräfte benötigt. Im Sich-Verschliessen des Magenpförtnermuskels zum Beispiel, der den noch nicht genügend vorverdauten Mageninhalt zurückweist, wirkt Antipathie. Diese Kraft ist zugleich für alles Ab- und Ausscheiden unbrauchbarer Stoffe und Stoffwechselschlacken, zum Beispiel durch Niere und Darm oder bei der Ausscheidung der Kohlensäure durch die Atmung, erforderlich. In jedem organisch-physiologischen Rhythmus ist also ein verborgener Lebenswille in Verbindung mit dem Wechselspiel von Sympathie- und Antipathiekräften impulsierend am Werke.

Diese leibgebundenen Seelenkräfte stehen aber im Resonanzverhältnis zu unserem bewussten Seelenleben, wie ein vor Erregung oder Freude beschleunigter Herzschlag oder ein von seelischer Bedrückung gehemmter Atemprozess am eigenen Leibe erleben lassen.

Rhythmus ist nicht Takt. Letzteren produziert die Maschine. Rhythmus kennzeichnet das Leben. Takt ist die Wiederholung des Gleichen. Rhythmus ist die Wiederholung des Ähnlichen. Der Takt wird in starrer Determination vorgegeben. Rhythmus besitzt reiche Freiheitsgrade, ohne sich in die Unordnung zu verlieren.

Während unseres Jahrhunderts hat sich in der Biologie und Medizin eine umfängliche Rhythmusforschung entwickelt: die Chronobiologie. Dabei hat man zu unterscheiden versucht zwischen eigenständigen Rhythmen und umgebungsabhängigen Rhythmen von Lebensprozessen. Notfalls entscheidet das Experiment. Wird der jahresrhythmische Zugvogeltrieb vom äusseren Jahreswechsel bestimmt und durch welchen Faktor? Bei vielen Vögeln wirkt nicht die abnehmende Wärme oder das geringere Nahrungsangebot im Herbst, sondern der schwächere Lichtgenuss: die abnehmende Tageslänge. Die an Grossstadtplätzen heimischen, an viel Leuchtröhren-Reklame gewöhnten Stare fliegen nicht mehr weg, sondern bleiben über den Winter da, denn das nächtliche Kunstlicht verhindert die Bildung des Zughormons. Zieht man aber Grasmücken künstlich im Dauerlicht, also ohne Tages- oder Jahresrhythmus auf, so geraten sie dennoch jahresrhythmisch in Zugstimmung. Was gilt nun?

Bei näherem Zusehen kann man bei keinem Organismus allein die inneren oder allein die äusseren Ursachen verantwortlich machen, sondern beide gehören zusammen. Nur wenn der Vogel dazu bereit ist, können die Umweltveränderungen wirken. Und nur aus der Einbettung in die Umwelt und ihre auslösenden Wirkungen kann der Eigenrhythmus beginnen.

Daran bemerken wir etwas ausserordentlich Wesentliches. Ein Organismus ist nicht ein blosser Anteil seiner Umwelt, und er ist auch nicht ein für sich abgekapseltes System. Sein offenbares Geheimnis ist, in spezifischer Variation beides sein zu können: eine Eigenwelt, die offen für ihr Umfeld ist. Kann er wirklich beides zugleich sein? Genau genommen ist er es erst im abwechselnden Nacheinander, und das ist sein Leben in Rhythmen. In abwechslungsreichen und doch sich ähnlich bleibenden Wiederholungen ist er zeitweise mehr er selber, und dann öffnet er sich wieder dem Lebensumkreis und wird ökologisches Organ desselben. Beides im ergänzenden Miteinander sein zu können, ist ein nicht genug zu bestaunendes sinnlich-sittliches Urbild für unsere eigene lebenslange Bemühung, geistig ebenso selbständig wie weltoffen zu sein.

Bekannt sind die Tagesrhythmen in der Natur. Die Sonnenblume hat ihren Namen davon, dass sie ihren Blütenkorb tagsüber ein wenig mit der Sonne mitdreht. Junge Bohnen heben und senken ihre Blätter im Tag-Nacht-Rhythmus. Bei vielen tropischen Verwandten falten sich abends die Fliederblätter zusammen und breiten sich morgens wieder aus. Löwenzahn und Sonnentau blühen nur vormittags. Die weisse Seerose schliesst gegen 16 Uhr ihre schwanenhafte Blüte. Erst in der Abenddämmerung öffnen sich ruckartig die Blüten der Nachtkerze. Und die mexikanische Kaktee «Königin der Nacht» blüht nur nach Sonnenuntergang. Schon Linné pflanzte sich im 18. Jahrhundert eine «Blumenuhr», an deren Öffnungs- und Schliessungszeiten er jede Tagesrunde ablesen konnte.

Auch nahezu alle Tiere halten sich an einen rhythmisch ähnlichen Verlauf ihres Lebens von Tag zu Tag, wenn sie nicht gestört werden. Der Förster weiss genau, zu welcher Stunde der Rehbock an seiner gewohnten Stelle erscheint. Lange hatte man geglaubt, dass das Wildtier sich freizügig räumlich und zeitlich in «freier Wildbahn» bewege. Der Schweizer Zoologe Hediger hat aber aufzeigen können, wie eng das Tier sich an die Wiederholung des gestrigen Tagesablaufes halten möchte, wenn es ungestört leben kann. Dann wird kein Meter vom gewohnten Trampelpfad (Wildwechsel) abgegangen und möglichst zur gleichen Zeit der gleiche Ort im Lebensraum (Revier) aufgesucht. Und nur wenn ein solcher Rhythmus auch im Zoo gewährleistet ist, bleibt das Tier gesund.

Sicherlich gibt es auch dabei eine ziemliche Bandbreite des strenger oder lockerer eingehaltenen Verhaltens. Auffällig ist dabei, dass es noch am ehesten die Raubtiere sind, die unrhythmisch zu leben vermögen. Tagelang sind sie auf den Beinen, bis das Schlagen einer Beute gelungen ist. Dann wird sich sattgegessen und getrunken, sich gewaschen und geputzt und dann solange geschlafen und gefaulenzt, bis der Hunger einen wieder hochtreibt. So ist es sowohl beim Löwen wie etwa bei unserem Fuchs oder Iltis, soweit der Mensch ihnen nicht seinen Rhythmus aufzwingt. Offensichtlich bleibt das Raubtier bei dieser unregelmässigen Lebensweise dadurch gesund, dass es in seiner eigenen Organrhythmik so stabil ist, dass es einfach nicht aus dem inneren biologischen Gleichgewicht kommt. Darin sind gerade die Raubtiere die Repräsentanten der rhythmischen Organisation. Nagetiere und Huftiere sind viel mehr auf die rhythmische Übereinstimmung mit der Umwelt angewiesen.

Natürlich gibt es über die Rhythmen noch sehr viel mehr zu

berichten. Hier sollte nur ein Einblick überdie Vielfalt der Rhythmen in der Natur, diesem polaren Auf und Ab gegeben werden.

Quellen:
  Prof. Dr. Wolfgang Klages, *Rhythmus und Takt aus der Sicht der Psychatrie*, Vortrag beim 8. Sokratischen Treffen.
  Dr. med. Walther Bühler, *Der Leib als Instrument der Seele in Gesundheit und Krankheit*, Stuttgart, 8. Aufl.
  Wolfgang Schad, *Rhythmen in der Natur und im Menschen*, Weleda-Nachrichten, Heft 152

Bewegendes und Bewegtes
Über den Bewegungsorganismus des Menschen

Gesundheit ist beim Menschen immer der harmonische Ausgleich von polaren Kräften.

Der Bewegungsorganismus besteht aus dem Bewegenden, dem Muskel und dem Bewegten, dem Knochen. In den Gelenken müssen in jedem Moment die Kräfte der Verfestigung, wie sie vom Knochen repräsentiert werden, und die Kräfte der Bewegung, die vor allem durch die Muskulatur wirken, zum harmonischen Ausgleich gebracht werden. Gelingt dies auf die Dauer nicht, ist die Voraussetzung für krankhafte Veränderungen gegeben. Durch den gesunden Bewegungsorganismus ist der Mensch in der Lage, sich mit seinen Willenskräften frei im Raume als aufrecht gehendes Wesen zu bewegen.

Der Muskel ist meist an zwei Enden im Knochen verwurzelt, zwischen denen ein Gelenk die Bewegung ermöglicht. Weiter braucht der Muskel viel Blut: Wunderbar aufgegliederte Gefässbäume bringen und holen den Lebenssaft. Schliesslich ist er genauso durchdrungen von Nervenbäumen für die wahrnehmende Kommunikation, die das harmonische Zusammenwirken bringt. In Gliedmassen und Rumpf hat diese «Skelett-Muskulatur» ihren Schwerpunkt. Zentrum ist die Wirbelsäule, aus etwa dreissig Wirbeln aufgebaut, die alle Gelenke mit dazwischenliegenden Knorpel-Polstern, den «Bandscheiben», abgefedert sind. Nach unten überwiegt hier das Lasten so sehr, dass um das 25. Lebensjahr die Wirbeln des Kreuzbeins zu einem Basisknochen verschmelzen. Nach oben nimmt die Beweglichkeit ständig zu, um beim «Atlas» schliesslich ihren Höhepunkt zu erreichen. Hunderte von Muskeln umhüllen diese Säule: die kleinsten direkt von einem Wirbel zum Nachbarn, darüber längere, die ein, zwei und mehr Gelenke überspringen, bis zuletzt die grossen Rückenstrecker von oben bis unten reichen.

Ganz oben aber, auf dem höchsten der sieben Halswirbel (auch die Giraffe hat nur sieben, aber ebenso die Zwergmaus) thront das Haupt, das schon die alten Griechen mit dem Himmelsgewölbe verglichen haben. In dieser Gipfelhöhe erlischt das Muskelsein; aber hier entspringt auch – wie Athena aus dem Haupt des Zeus – die grösste und beweglichste Bewegung: das Denken, das alle Grenzen von Raum und Zeit überspringen kann.

Zwischen den Gegensätzen dieser «himmlischen» und der «irdischen» Bewegung vermittelt die Atem-, Sing- und Sprachbewegung, die zwar auch Muskeln braucht, aber in ihrem Zentrum, dem Wundergebilde des Kehlkopfes, sich keines Knochen, sondern eines weichen Knorpels bedient. Wie ein Edelstein ist so der zierliche Sprachorganismus in die Welt der Muskeln eingefügt, wirkt und lebt in ihnen. Aber noch intimer ist in der Sprache das Denken, Urquell aller Bewegung.

Auf dem Zusammenspiel dieser Sphären beruht Gesundheit und Glück des Menschen: Wird bei einer Tätigkeit das Denken ausgeschaltet, so sinkt sie zur sinnlosen Sklaverei herab. Daher wird die Fliessbandarbeit heute schon vielfach durch sinnvollere Gruppenarbeit abgelöst, weil es auf die Dauer unrentabel ist, das Bewusstsein verstumpfen zu lassen.

Wird dagegen der leibliche Anteil beim Tun zu gering, verliert es seine Realität und Aktualität. Daher erleben viele Kinder die Schule als lebensfremden Intellektualismus. Gerade hier müsste der Heranwachsende so geführt werden, dass er die Leibesbewegung harmonisch in die feineren Innentätigkeiten verwandeln lernt. Auch das abstrakte Denken kann blutvoll durchdrungen sein, wenn diese Überleitung geglückt ist.

Wie unsere Zeit auf allen Gebieten ungeahnte Möglichkeiten eröffnet hat und damit gleichzeitig viele Gefahren für die Harmonie und Gesundheit des Menschen brachte, so sind uns auch Wege der Heilung erschlossen (z. B. durch die Bewegungskunst der Eurythmie), den Bewegungsorganismus mit neuem strömendem Leben zu erfüllen.

Polarität im menschlichen Nervensystem

Im vegetativen Nervensystem gibt es zwei in entgegengesetzter Richtung wirkende Nerven, z. B. die sogenannten «Sympathikusnerven», die u. a. die Herztätigkeit beschleunigen, den Blutdruck erhöhen und die Blutgefässe verengen, und als Gegenspieler die «Vagusnerven» (auch als Parasympathikusnerven bezeichnet), die den Herzschlag verlangsamen, den Blutdruck senken und die Blutgefässe erweitern.

Auch gibt es Hormone, die als Mitspieler des Sympathikus wirken, nämlich das «Adrenalin», und andere, die Mitspieler des Vagus sind, das «Azetylcholin». Das Adrenalin wird im Nebennierenmark erzeugt, während das Azetylcholin überall, in allen Geweben, entsteht.

Säuren und Basen

Säuren und Basen sind keine feindlichen Brüder, sondern zwei Pole unseres Stoffwechsels. Das eine ist nicht ohne das andere denkbar.

Aber: der absolute Säurepol ebenso wie der absolute Basen- oder Laugenpol sind, für sich allein genommen, lebensfeindlich. Erst die gute Mischung von beiden ermöglicht Gesundheit und das «Säure-Basen-Gleichgewicht», das in der Ernährungslehre so bedeutsam ist.

Der Geschmack gibt keine Auskunft darüber, ob ein Nahrungsmittel sich im Stoffwechsel basisch oder säuernd auswirkt. Das kann praktisch nur an der Reaktion des Harns erkannt werden. Die geschmacklich uns wichtigen Fruchtsäuren von

Zitronen, Weintrauben, Äpfeln und dergleichen wirken nur säuernd auf die Geschmacksnerven des Mundes, wohingegen sie nach der Passage der Darmwand vom Blut sofort abgefangen werden. Diese Fruchtsäuren, ursprünglich aus Blattzucker fabriziert, werden auch wie Blattzucker oder Blutzucker in den Zellen zu Wasser und Kohlensäure verbrannt.

Vereinfacht kann man sagen:

Harnsäuernd wirken Nahrungsmittel mit hohem Gehalt an Schwefel und Phosphor. Solche sind beispielsweise Fleisch, Fisch, Eier, Wurst, Käse, Fett, Hülsenfrüchte, Schokolade. Auch einige Gemüse, wie Grünkohl oder Rosenkohl haben eine säuernde Wirkung.

Basisch wirkende Nahrungsmittel zeichnen sich vor allem durch einen hohen Gehalt an Kalium, Kalk und Magnesium aus. Solche sind beispielsweise die meisten Gemüse, Kartoffeln und auch die Säfte aus Gemüse und Obst. Die Milch verhält sich neutral. Sie nimmt eine Mittelstellung ein.

Polarität in der Wahl, Aufnahme und Verarbeitung von Eindrücken

Die Gegenüberstellung von negativen und positiven Aspekten stellt uns ständig vor die Wahl der richtigen Eindrücke.

Beispiel: Beim Warten auf den Bus betrachtet jemand kritisch die Mitwartenden: eine unförmig-dicke Frau, die er als unästhetisch empfindet, ein hübsches junges Mädchen, das rauchte, das er als unvernünftig empfindet, einen jungen Mann in schmutzigen Jeans, den er als widerlich empfindet.

Gegenbeispiel: Statt der Wahl negativer Eindrücke kann man auch positive Eindrücke auswählen: Die dicke Frau strahlte Gutmütigkeit aus, das törichte Mädchen Anmut und der Bursche mit den schmutzigen Hosen Vitalität! Gesamthaft gesehen erkennen wir hier drei positive Aspekte: Güte, Schönheit und Gesundheit! Die Aufnahme positiver Eindrücke wirkt sich auch auf den Betrachter beglückend aus, die Wahl negativer Eindrücke bewirkt das Gegenteil.

Natürlich muss auch das Negative da sein, denn es dient der

Erkenntnis des Positiven. Die Gegenwirkungen halten die Welt zusammen, und solange diese Spannung besteht, besteht auch die Welt. Wie in der Mathematik Plus-Minus eine Null ergibt, führt die Aufhebung der Gegenpole im Weltgeschehen zu einem Nichts. Dieses Nichts ist aber ein grosses Mysterium, der Sinn des Polaritätsgesetzes und seine Krönung – und es enthält wieder alles in sich: das Ende und den Neuanfang!

Goethe hatte dies auch erkannt und in folgendem Gedicht zum Ausdruck gebracht:

> Den Sinnen hast du dann zu trauen,
> Kein Falsches lassen sie dich schauen,
> Wenn dein Verstand dich wach erhält.
> Mit frischem Blick bemerke freudig
> Und wandle, sicher wie geschmeidig,
> Durch Auen reichbegabter Welt.
>
> Geniesse mässig Füll und Segen;
> Vernunft sei überall zugegen,
> Wo Leben sich des Lebens freut.
> Dann ist Vergangenheit beständig,
> Das Künftige voraus lebendig,
> Der Augenblick ist Ewigkeit.
>
> Und war es endlich dir gelungen,
> Und bist du vom Gefühl durchdrungen:
> Was fruchtbar ist, allein ist wahr –
> Du prüfst das allgemeine Walten,
> Es wird nach seiner Weise schalten,
> Geselle dich zur kleinsten Schar.
>
> Und wie von altersher im stillen,
> Ein Liebewerk nach eignem Willen
> Der Philosoph, der Dichter schuf,
> So wirst du schönste Gunst erzielen:
> Denn edlen Seelen vorzufühlen,
> Ist wünschenswertester Beruf.

In der indischen Lehre des Agni Yoga heisst es u. a.: «Jede Begeisterung legt ein Körnchen zum Schatz der psychischen Energie hinzu. Jedes Entzücken über das Schöne sammelt Körner des Lichtes! – Man muss es jedoch lernen, diese Freude des Lichts aufzunehmen . . .»

Die Dichter und die Polarität

Ein Janusbild lass ich vor dir erscheinen,
die *Freude* zeigt es hier und dort den *Schmerz*;
die Menschheit wandelt zwischen *Lust* und *Weinen*,
und mit dem *Ernste* gattet sich der *Scherz*.
   Schiller in Huldigung der Künste

Wäre nicht das *Nein*,
so wäre das *Ja* ohne Kraft.
   Schelling

Tod und Leben im sichtbaren Teil
des weiten unermesslichen Weltalls
sind nur zwei Seiten, zwei Gegensätze,
des einzig einen Ewigen Lebens.
All die unzähligen Gegenpole,
die im unendlichen Weltall bestehen,
schwinden dahin im Ewigen Leben,
alle werden sie selig gewandelt;
das Gestern und Morgen, das Gute und Böse,
das Licht und Dunkel, das Oben und Unten –
es werden gewandelt der Hass und die Liebe,
das Grösste und Kleinste, das Nichts und das Etwas,
auch Anfang und Ende, und Mann und Frau,
und endlich das Leben selbst und der Tod!
Sie alle entschwinden im Ewigen Leben,
sie fallen in Eins zusammen,
sie alle münden in Gott dem Vater.
   Dr. Rudolf Elmayer von Vestenbrugg

Polarität im Begriff Mystik

Wann man das Wort «Mystik» genauer untersucht, so kann man feststellen, dass es einen ganzheitlichen Sinn enthält und damit als Begriff ganz dem angemessen ist, was es grundsätzlich zum Ausdruck bringen soll. Das griechische Verbum mytheomai bedeutet «sprechen, sagen», das aus derselben Wurzel stammende myein dagen bedeutet «sich schliessen», und zwar ein Sichschliessen der Augen, des Mundes, der Wunden. Verbale *und* nichtverbale, intellektuelle *und* intuive Funktion sind also mit diesem einen Wort bezeichnet. So gesehen steht «Mystik» für Theorie und Praxis der Entfaltung des Bewusstseins zu seinem polar-zwiefachen Höhepunkt, im Buddhismus präzise «Weisheit und Mitgefühl» genannt – die zur Weisheit entwickelte Intelligenz und das zu vollendeter Liebesfähigkeit und Intuition entwickelte Gemüt.

Die Mystiker aller Couleur erkannten das, was Buddha mit dem Gleichnis vom Floss umschrieb: Ein Floss, so legte er dar, ist dazu da, uns über den Fluss zu bringen. Ist das getan, brauchen wir das Floss nicht mehr. Die Vorstellungen und Theorien der religiösen Systeme haben solchen Flosscharakter. Je dogmatischer das System ist, desto eher besteht die Gefahr, dass das Floss nie und nimmer losgelassen, sondern als bis zur Erschöpfung hemmende Last übers Land geschleppt wird. Mit anderen Worten, die beschränkte geistige Welt der Meinungen und Vorstellungen kann nicht überschritten werden. Dieses Überschreiten aber ist gerade das, was den Mystiker, den geistig erwachenden Menschen kennzeichnet.

Die asiatischen Religionen nennen den numinosen Urgrund, diesen Bereich jenseits aller Vorstellbaren, als die «Leere», in Berücksichtigung der Tatsache, dass etwas, das weder begrifflich noch bildlich fassbar ist, *vom Standpunkt der Begrifflichkeit und Bildlichkeit aus* eben «nichts» ist, also leer ist. Geistige Kräfte oder Energien aber lassen sich nicht begrifflich oder bildlich erfassen.

Der Heilige und die Polarität

Ein aus *Gutem* und *Bösem*, aus *Freud* und *Leid* gemischtes Weltall ist um seines grösseren Reichtums willen besser, also einer Gottheit würdiger, als ein Weltall, das *nur* Gutes und Freudiges umfasst. Böses und Leidvolles wurden um der menschlichen Freiheit willen von Gott zugelassen.
Thomas von Aquin

Hierzu schreibt Kurz Herberts in seinem Buch «Brücken zum Unvergänglichen» folgendes:

«Von uns heute wird mehr gefordert: Das *volle wissenschaftliche Bewusstsein* von der unersetzbaren Bedeutung aller Negativitäten des Erdendaseins für die Entwicklung und Erleuchtung unserer unsterblichen Seelen.» Und: «Im Gegensatz zur *leblosen Materie* repräsentiert das *Leben* das Anti-Trägheitsprinzip. Das beweisen schon Amtung, Herzschlag und Verdauung im menschlichen Innern.»

Polaritätsbegriffe in den indischen Veden

Mit dem Begriff Agnis, des göttlichen Feuers, treffen wir den Kernpunkt der vedischen Lehre, ihre esoterische und transzendente Grundlage. *Agni* ist das kosmische Agens, das grundlegende universelle Prinzip. Er ist nicht nur das irdische Feuer des Blitzes und der Sonne. Seine wahre Heimat ist der unsichtbare mystische Himmel, der Ort des Verweilens für das ewige Licht und die ersten Prinzipien aller Dinge. Seine Geburten sind unendlich, sei es, dass er dem Holzstück entspringt, in dem er schläft wie der Embryo in der Matrize, sei es, dass er «der Sohn der Fluten» mit dem Getöse des Donners von den himmlischen Flüssen herunterteilt, wo die Asvin (die himmlischen Reiter) ihn mit der güldenen Arani gezeugt haben. Er ist der älteste der Götter, der Gebieter des Himmels wie der Erde, und er vollführte den Gottesdienst in der Wohnung Vivasvats (des Himmels oder der Sonne), lange bevor ihn Matharisva (der Blitz) zu den Sterblichen gebracht hatte und bevor Atharva und die Angiras, die alten Opferpriester, ihn hier unten eingeführt hatten als den Beschützer, den Gast und den Freund des Menschen. Herr und Erzeuger des Opfers, wurde Agni der Träger aller mystischen Spekulationen, die mit dem Opfer in Verbindung stehen. Er erzeugt die Götter, er organisiert die Welt, er schafft und erhält das universelle Leben; mit einem Wort, er ist eine kosmogonische Macht.

Sôma ist das Gegenstück zu Agni. In Wahrheit ist er der Trank einer in Gärung versetzten Pflanze, die den Göttern als Trankopfer dargebracht wird. Aber wie Agni hat er ein mystisches Dasein. Sein höchster Wohnsitz ist in den Tiefen des dritten Himmels, wo Surya, die Tochter der Sonne, ihn durchgesiebt hat, wo Pushan, der Gott der Ernährung, ihn gefunden hat. Dort haben ihn der Falk, ein Sinnbild des Blitzes, oder Agni selbst dem himmlischen Bogenschützen, dem ihn beschützenden Gandharva, geraubt, um ihn den Menschen zu bringen. Die Götter haben ihn getrunken und sind unsterblich geworden; die Menschen werden es ihrerseits werden, wenn sie ihn bei Yama, in dem Aufenthaltsort der Seligen, getrunken haben werden. Unterdessen gibt er ihnen hier die Rüstigkeit und die Fülle der Tage; er ist Ambrosia und der Jugendborn. Er ernährt, er durchdringt die Pflanzen, belebt den Samen der Tiere, begeistert den Dichter und verleiht den Schwung des Gebets. Seele des Himmels und der Erde, Indras und Vishnus, bildet er mit Agni ein unzertrennliches Paar; dieses Paar hat die Sonne und die Sterne entzündet.

In dem Begriff von Agni und Sôma sind, gemäss der esoterischen Lehre und jeder lebendigen Philosophie, die beiden wesentlichen Prinzipien des Universums enthalten: Agni oder das Ewig-Männliche, die schöpferische Vernunft, der reine Geist; und Sôma, das Ewig-Weibliche, die Seele der Welt oder die ätherische Substanz, die Matrize aller sichtbaren und für Fleischesaugen unsichtbaren Welten, die Natur endlich oder die subtile Materie in all ihren unendlichen Wandlungen. Die vollkommene Vereinigung aber dieser beiden Wesenheiten ist das höchste Wesen, die Essenz Gottes.

Der Philosoph und die Polarität

Pythagoras sagte, dass in dem Augenblick, in dem Gott sich manifestiert, ist er doppelt: unteilbare Essenz und teilbare Substanz, tätiges, belebendes männliches Prinzip und die weibliche Seite der plastischen Materie.

Die Dryade stellt also dar: die Vereinigung des Ewig-Männlichen mit dem Ewig-Weiblichen in Gott, die zwei wesentlichen und sich ergänzenden göttlichen Eigenschaften. Die Dryade ist die zeugende und hervorbringende Kraft Gottes. Diese erschafft die Welt, sichtbare Entfaltung Gottes im Raum und in der Zeit.

Orpheus hatte diesen Gedanken poetisch ausgedrückt in dem Vers:

> «Jupiter ist der göttliche Gatte
> und die göttliche Gattin.»

Geheiligtes Dreieck – Profanes Dreieck

Seit wenigen Generationen packte eine alles hinwegfegende Revolution der Werte die Gesellschaft wie eine angestaute Energie, die den kritischen Punkt erreicht hat. So hat die totale Säkularisation der Kultur in Wort und Tat eine grosse Wende herbeigeführt – wohl das kühnste und originellste Projekt der Moderne und ein einschneidender Beitrag der westlichen Gesellschaft. Aber gerade der Plan, das kulturelle Dreieck.

Mythos

Magie   Mysterium

auf den Kopf zu stellen, setzt ein geheiligtes Original voraus, das zumindest einen signifikanten Zeitraum im Leben der Menschen absteckte, von dem wir spüren, dass er mit Sinn erfüllt. Was immer auch dann dieses kulturelle Vakuum beseitigt, es muss etwas von der Kraft erben, die zu dem gehörte, was vorher kam.

Vernunft   Technologie
                    Geschichte

gleicht aber einem modernen Monument, das auf dem Grund
und Boden entsteht, den vorher ein Tempel eingenommen
hatte, und noch früher, seit undenklichen Zeiten, ein geheiligtes Wäldchen.

Geschichte, Technologie und Vernunft haben sich deshalb so
rigoros unserer Wünsche und Überzeugungen bemächtigt, weil
sie das geheiligte Dreieck ersetzen und dieselbe Erfüllung
versprechen wie Mythos, Magie und Mysterium zuvor. Und
welche andere Wahl haben die westlichen Humanisten, die so
schwer für den Ersatz arbeiten, als darauf zu bestehen, dass das
profane Dreieck nun das Versprechen einlöst? Für sie sind die
beiden Dreiecke eine abolute Dichotomie (Zweiteilung, Gabe-
lung); der Unterschied zwischen ihnen entspricht demjenigen
zwischen objektiv und subjektiv, zwischen Wunschdenken und
harter Realität, zwischen fehlgeleiteten psychischen Bedürf-
nissen und rational bedingtem Genuss. Theodore Roszak
schreibt hierzu: «Ich möchte dem weltlichen Humanismus das
heroische Format nicht absprechen. Aber auf Grund von
Erfahrung und Überzeugung kann ich kein Freund dieser
Bewegung sein, sondern muss die Vorrangstellung der Vision
betonen. In beiden Dreiecken sehe ich eine kontinuierlich sich
entwickelnde Realität; aber in erster Linie soll diese Entwicklung den Reichtum und die Ergiebigkeit jener geheiligten
Quelle demonstrieren, die der Ursprung der profanen Kultur
ist. So gesehen, ist es die allererste Aufgabe der Kultur, den
Geist durch die profanen Verästelungen hindurch zurück zu
ihrem ursprünglichen visionären Impuls zu führen; durch Mil-
lionen von Variationen zurück zu dem Stoff, der alles hervorge-
bracht hat – bis wir schliesslich die Entwicklung von Kultur als
Kontinuum begreifen, wo es kein «Geheiligtes» gibt im Gegensatz zum «Profanen», sondern nur hellere oder dunklere Ausdrucksformen des Geheiligten. Vielleicht werden wir dann
erkennen (wie der sumerische Kulturheld Marduk, der Himmel

und Erde aus den zerschmetterten Knochen der göttlichen Mutter Diamat formte), dass auch wir unsere Welt ständig aus dem Leib Gottes gestaltet haben.» Theodore Roszak, *Das unvollendete Tier*, München 1982.

Die Bewegung, der wir folgen (und es handelt sich hier um nichts geringeres als die westliche Kulturerfahrung) verläuft vom Mythos zur Geschichte, von der Magie zur Technologie, vom Mysterium zur Vernunft.

Esoteriker – Exoteriker

Woher stammen die Begriffe *Esoteriker – Exoteriker?* Pythagoras, der grosse griechische Philosoph und Eingeweihte, hatte in Süd-Italien, das damals zum hellenischen Einflussbereich gehörte, eine Bildungsstätte errichtet: das pythagoräische Institut, eine Akademie der Wissenschaften. Dort hatte er auch seine Wohnung. Bei besonderen Anlässen wurden seine Getreuen in den inneren Hof seiner Wohnung eingeladen, daher der Name Esoteriker (d. h. die des Inneren) im Gegensatz zu dem der Exoteriker (d. h. die von aussen).

Wie die Ethymologie zeigt, studiert die Esoterik das Innere, das unter dem Augenschein, unter dem Sichtbaren verborgene Unsichtbare. Bei der Initiation teilte der Lehrer seine Lehre in zwei Teile, einem symbolisch-bildlichen (Parabeln) zum Gebrauch der Menge (Exoterik) und einen philosophisch-abstrakten nur zum Gebrauch seiner Schüler (Esoterik).

Die esoterische Lehre ist jene verborgene Lehre, die nur mündlich mitgeteilt wurde. Man hat die Bezeichnung «Esoterik» den geheimen Traditionen jeglicher Herkunft verliehen.

Von Pythagoras wurde berichtet, dass er absichtlich in dunkler und bildlicher Form gelehrt habe, damit nur die Eingeweihten ihn verstünden. Auch soll er die schriftliche Aufzeichnung mancher Lehren verboten haben, also eine mündlich zu überliefernde Geheimlehre seinen Getreuen mitgeteilt haben. Die antiken Esoteriker waren einig in der Erklärung: nur die Würdigen sollten den eigentlichen Sinn der mythisch eingekleideten Bundeswahrheiten erfahren; den übrigen sollten sie rätselhaft bleiben. Die symbolische Form diente nur insofern zur Verschleierung, als durch sie für das altgläubige Volk die Abweichungen von den überlieferten Mythologie unbemerkbar wurden; aber zugleich war die symbolische Form eine innere Notwendigkeit; denn nur bildlich liessen sich die neuen Wahrheiten verkündigen, und die gewählte Einkleidung war die denkbar deutlichste und treffendste Wiedergabe dessen, was man sagen wollte.

Pythagoras legte seinen Schülern ein Schweigegebot auf. Es scheint, dass im späteren Altertum auf dieses Schweigegebot ein immer grösserer Wert gelegt wurde. Je mehr sich die Philosophenbünde den Mysteriengemeinden annäherten und je mehr die religiösen Richtungen in der Philosophie über die mehr wissenschaftlich-kritischen und moralisch-rhetorischen Richtungen den Sieg gewannen, um so mehr trat die fides silentii in den Vordergrund. Das ist natürlich; denn die Philosophie als Wissenschaft kann nur aus äusseren Gründen auf Geheimhaltung dringen.

Gravitation und Widerstand

Das Streben und der Wille nach Höherem entspricht der Gravitation, also der Anziehung nach dem Höheren, jedoch erst der Widerstand ergibt die nötige Spannung hierzu.

Keine Bewegung geschieht ohne Spannung.

Auch jedes geistige Wachstum muss durch hemmende Umstände belastet werden. Nach einer alten Sage werden aus menschlichem Leid «Edelsteine» erschaffen.

Schöpferischer Erfolg ist stets die Bestätigung vorhergehender Kämpfe.

Origenes überlegte folgendes: Strömt die göttliche Seligkeit einfach aus oder wird sie gesendet? – Die Seligkeit ist eine Substanz der höchsten Psychischen Energie. Zwar entströmt Wärme ewig dem Licht, aber es wird eine Sammellinse gebraucht, um «Feuer»-Wirkungen zu erzielen. Wir benötigen solche «Sammellinsen», Brennpunkte unserer Kräfte, so wie erst ein Brennglas die Sonnenstrahlen wirksam macht.

Die Physik und die Polarität

Entropie – Negentropie

Der erste Hauptsatz der Thermodynamik lautet: Die Energie des Weltalls ist konstant. Der zweite Hauptsatz lautet: Die Energie des Weltalls strebt einem Maximum zu. Das heisst: alle energetischen Prozesse streben dem Zustand grösster Unordnung entgegen. Eine Folge davon ist, dass die Energie im Weltall immer mehr in Wärme umgewandelt wird.

Entropie ist einer der wichtigsten Grundbegriffe der Physik, eine thermodynamische Zustandsfunktion. Sie dient bei Energieumsetzungen zur Berechnung desjenigen Teils der Wärmeenergie, der nicht in mechanische Arbeit umgesetzt werden kann. Die Entropie macht den Inhalt des zweiten Hauptsatzes der Energetik aus.

Albert Einstein überlegte einmal, welchem der naturwissenschaftlichen Gesetze der höchste Rang gebühre: «Eine Theorie ist um so eindrucksvoller, je einfacher ihre Prämissen sind und je differenzierter sie zueinander in Beziehung zu setzen sind und je ausgedehnter der Bereich ihrer Anwendbarkeit. Aus diesem Grund machte die klassische Thermodynamik einen tiefen Eindruck auf mich. Sie ist die einzige physikalische Theorie universellen Inhalts, von der ich überzeugt bin, dass sie im Rahmen der Anwendbarkeit ihrer grundlegenden Konzepte niemals umgestossen wird.»

Die heute am meisten verbreitete Theorie über den Ursprung und die Entwicklung des Universums ist die Urknalltheorie. Sie wurde zuerst konzipiert von Canon Georges Lemaître. Dieses Modell postuliert, dass die Existenz des

Universums mit der Explosion einer unvorstellbar dichten Energiequelle begann. Als sich die Energie ausdehnte, begann sich ihre Geschwindigkeit zu verlangsamen und Galaxien, Sterne und Planeten zu bilden. Während des weiteren Ausdehnungs- und Diffusionsprozesses verliert sie immer mehr von ihrer Ordnung und wird schliesslich einen Punkt maximaler Entropie erreichen, beziehungsweise den Gleichgewichtszustand im Wärmetod. Die Urknalltheorie stimmt überein mit den Aussagen des Ersten und Zweiten Hauptsatzes. Nach ihr begann das Universum mit vollständiger Ordnung und bewegt sich seitdem auf einen Zustand immer grösserer Unordnung zu. Diese Theorie ist uns keineswegs fremd. Sowohl die Griechen des Altertums als auch das mittelalterliche Weltbild stimmen in vielem mit dem Weltbild der Kosmologen überein, wie der Physiker Jeremy Rifkin in seinem Buch *Entropie* (Hamburg 1982) feststellt.

Was bedeutet die Redewendung: «Die Uhr der Welt läuft ab»? Einfach folgendes: Wir erfahren das Verstreichen der Zeit als sukzessive Abfolge von Ereignissen, die Energie verbrauchen und so die Gesamtentropie steigern. Wenn man also sagt, die Zeit der Welt laufe ab, so heisst das nichts weiter als dass die nutzbare Energie der Welt kontinierlich weniger wird. Mit den Worten von Sir Arthur Eddington gesprochen ist «Entropie der Pfeil der Zeit».

Sowohl die Weltanschauung der alten Griechen als auch das christliche Weltbild des Mittelalters mit ihrer Vorstellung von Geschichte als einem Prozess, der sich von der Ordnung zum Zerfall hin bewegt, spiegelt ein Verständnis der wahren Richtung des Zeitpfeils und des Entropieprozesses wider. Nur indem das Entropiegesetz übersehen wurde, konnte das herrschende Weltparadigma der Newtonschen Mechanik die Illusion nähren, dass Zeit ein autonomer Faktor sei, unabhängig vom Wirken der Natur. Die Entfremdung der Zeit von der Natur nahm ihren Anfang mit Descartes' Vorstellung von der strukturellen Organisation der Welt, die eine völlige Trennung von Mensch und Natur voraussetzte. Um die Natur zu manipulieren und dazu für die materiellen Interessen der Menschen ausbeuten zu können, war eine vollständige Neutralität zwischen Beobachter und Beobachtetem angenommen worden. Und darin liegt nach Rifkin die Crux der wissenschaftlichen Methode.

Lebende Wesen sind durch Aufnahme von freier Energie aus der Umgebung in der Lage, sich in eine Richtung zu entwikkeln, die dem Entropiegesetz genau entgegengesetzt ist. Die ursprüngliche Quelle dieser frei verfügbaren Energie ist die Sonne. Das Überleben sämtlicher Pflanzen und Tiere ist von Sonnenenergie abhängig – entweder direkt wie im Fall der Photosynthese bei den Pflanzen oder indirekt im Fall der Tiere, die von Pflanzen oder anderen Tieren leben. Mit den Worten des Nobelpreisträgers Erwin Schrödinger überlebt jedes Lebewesen durch die kontinuierliche Aufnahme von *negativer Entropie (= Negentropie)* aus seiner Umwelt. Wovon ein Organismus sich ernährt, ist negative Entropie; er saugt fortwährend Ordnung aus seiner Umwelt auf.

Anders gesagt, alle lebenden Wesen haben die natürliche Neigung, sich auf einen Gleichgewichtszustand zuzubewegen. Wir Menschen beispielsweise verbrauchen jedesmal Energie, ob angestrengt nachdenken oder nur mit dem Finger schnippen. Um uns selbst vor der Auflösung in den Gleichgewichtszustand des Todes zu bewahren, benötigen wir einen konstanten Zufluss an freier Energie (negativer Entropie oder Entropie mit negativem Vorzeichen) aus unserer Umwelt.

Deshalb hatten Wissenschaftler aller erdenklichen Disziplinen so viel Mühe herauszufinden, wie sich die Existenz lebender Systeme mit dem Zweiten Hauptsatz in Einklang bringen lässt, weil sich die Gleichgewichts-Thermodynamik mit geschlossenen Systemen beschäftigt – Systemen, in denen zwar Energie, nicht aber Materie mit der Umgebung ausgetauscht werden kann. Lebende Systeme sind aber offene Systeme. Beides, Materie und Energie, wird mit der Umwelt ausgetauscht. Lebende Systeme können niemals einen Gleichgewichtszustand erreichen. Der tritt erst mit dem Tode auf. Lebende Wesen halten sich also dadurch in einem Zustand ausserhalb des Gleichgewichts, dass sie fortwährend verfügbare Energie aus ihrer Umgebung aufnehmen. Diesen Zustand nennt man «stationär». Hört der Fluss von Energie und Materie durch einen lebenden Organismus auf, wird auch der stationäre Zustand aufgehoben, und der Organismus treibt auf das Gleichgewicht und den Tod zu. Für lebende Systeme ist daher der Fluss freier Energie, nicht die Entropie von grösster Bedeutung. Den Zweig der Wissenschaft, der sich damit beschäftigt, nennt man Nichtgleichgewichts-Thermodynamik.

Im Jahre 1977 wurde Ilya Prigogine für seine Arbeiten zur Nichtgleichgewichts-Thermodynamik mit dem Nobelpreis ausgezeichnet. Er erklärte, dass alle Vorstellungen von Kausalität und präziser Messung – Ecksteine der klassischen Physik – zur Zeit aufgegeben werden, um den Weg für eine Neudefinition der Wissenschaft freizumachen, die der Aussage des Zweiten Hauptsatzes gerecht wird. Jedes Ereignis in der Welt ist einzigartig, erklärte Prigogine, und aus diesem Grunde ist es unmöglich, genaue wissenschaftliche Voraussagen über die Zukunft zu machen. Als Äusserstes könne Wissenschaft heute Wahrscheinlichkeitstheorien aufstellen und Zukunftsmodelle entwerfen. Die alte Sicherheit, die uns die klassische Physik versprach, war von Anfang an eine Illusion, so sagen Prigogine und seine Kollegen. Es ist nicht möglich, Natur in der Weise zu erkennen, wie es Descartes, Bacon und Newton angenommen hatten. Die Vorstellung, dass die Menschen sich vom Kreislauf der Natur abhängig machen und sie bis ins innerste Detail erforschen können, um sie dann gewissermassen von aussen zu manipulieren, hat sich als Irrtum erwiesen. Erstens sind wir alle, wie Niels Bohr sagte, sowohl Akteure als auch Zuschauer im Entwicklungsprozess der natürlichen Ordnung. Wir können uns nicht aus unserer Umwelt lösen. Zweitens ist die Vorstellung von einem unveränderlichen Grundstock an Wahrheiten im deterministischen Sinne der klassischen Physik nicht mehr länger gültig, da wir das Universum heute als kontinuierlich flukturierend und instabil erkennen. Prigogine nennt die Quintessenz dieser neuen Erkenntnis, wenn er sagt, dass «wir anstelle der klassischen Beschreibung der Welt als Automat wieder mehr zurück auf das griechische Paradigma der Welt als Kunstwerk kommen».

Gibt es auch eine negative Energie?

Über das Thema «Energie» sagte der verstorbene Professor Dr. Robert Havemann in seiner Vorlesung in der Humboldt-Universität Berlin, am 8. November 1963 im Rahmen seiner Reihe «Endlichkeit und Unendlichkeit», folgendes: «Das Gesetz von der Erhaltung der Energie ist zweifellos in der Form, wie wir sie heute physikalisch verstehen, ein allgemeiner Erfahrungssatz. Aber es ist grundsätzlich denkbar, dass dieser Satz durch weitere Erkenntnis variiert und sogar in der Form in der er heute aufgefasst und verstanden wird, aufgehoben und als ungültig erkannt wird. Aber solange keine Erfahrung dem Energiesatz widerspricht, ist er ein allgemeinster Erfahrungssatz. Das gleiche gilt auch vom Entropiesatz und von vielen physikalischen Grundsätzen. Aber natürlich ist es denkbar, dass wir eines Tages die Begrenztheit solcher Sätze, ihre Aufhebung in einer tieferen Wahrheit erleben werden. Ich will das an dem Beispiel des Energiesatzes erläutern. Nehmen wir einmal an, es gäbe nicht nur positive Energie, sondern auch negative. Wenn die Energie tatsächlich ein Vorzeichen hätte, und zwar ein positives wie ein negatives, so könnte auch ein Satz gelten, der behauptet: die Summe aller Energien muss immer gleich Null sein. Es muss ebensoviel positive wie negative Energie geben. Wenn dies der Fall wäre, so könnte sich natürlich die Menge der positiven Energie auch vermehren oder vermindern, indem eine äquivalente Menge negativer Energie entsteht oder verschwindet. Der bisherige Energiesatz gilt aber – in Unkenntnis der negativen Energie nur für die positive Energie.»

Verfolgt man die Entwicklung der astronomischen Forschung im Laufe der Jahrhunderte ihrer Geschichte, so lässt sich feststellen, dass immer neue Disziplinen der Naturwissenschaften in sie einbezogen wurden. Während des Altertums und des Mittelalters bis hinein in den Beginn der Neuzeit war für die Astronomen neben ihren Beobachtungsinstrumenten nur ein mathematisches Rüstzeug erforderlich. Das änderte sich entscheidend im 17. und 18. Jahrhundert. Mit Newtons Gravitationsgesetzen erfolgt der Einzug der Physik in die

Astronomie. Später kamen Chemie und Atomistik hinzu, und heutzutage sind alle naturwissenschaftlichen Gebiete so eng mit der Astronomie verknüpft, dass jede neue Erkenntnis auf einem dieser Teilgebiete unweigerlich auf die anderen übergreift.

Dies zeigt sich besonders eindrucksvoll in der sogenannten *Diracschen Löchertheorie*, die die Struktur der Welt auf völlig neuartige Grundlagen stellt.

Bekanntlich gibt es sehr verschiedene Modelle, mit denen man die Grundbausteine der Materie, die Atome, beschreibt. Das bekannteste ist das Bohrsche Atommodell, das leicht verständlich ist, und für die Erklärung der fundamentalen Vorgänge im Atom ausreicht. In diesem Modell können sich die um den Atomkern kreisenden Elektronen nur auf bestimmten auserwählten Bahnen bewegen. Jeder Bahn ist eine bestimmte Energiestufe zugeordnet. Man bezeichnet diese Energiestufen auch als Elektronenschalen mit den Buchstaben K, L, M, N und so fort. Die K-Schale liegt dem Atomkern am nächsten und bildet die niedrigste Energiestufe. Ein wichtiges Gesetz besagt, dass in jeder Schale nur eine begrenzte Anzahl von Elektronen vorhanden sein kann. So kann die Schale K höchstens 2, die L-Schale 8, die M-Schale 18 Elektronen enthalten.

Auf Grund letztlich mathematischer Überlegung glaubt der berühmte englische Physiker Dirac auch Elektronen annehmen zu können, die negative Energie enthalten. Nach seiner Theorie ist jeder Raum mit Elektronen negativer Energie ausgefüllt, wobei alle möglichen Energiezustände in den Schalen voll besetzt sind. Bei dieser Annahme müssen sich sämtliche Wirkungen der Elektronen gegenseitig aufheben, so dass wir nichts von ihrer Existenz bemerken.

Wegen der Verborgenheit der Elektronen mit negativer Energie (im sogenannten «Dirac-See») spricht man von der «Unterwelt» in der sie sich aufhalten. Im Unterschied zu der Unterwelt sind die Elektronen in der «Oberwelt» mit ihrer positiven Energie frei. Hier brauchen die Schalen nicht voll besetzt zu sein. Die Wirkungen der Teilchen heben sich gegenseitig nicht auf und können deshalb die uns bekannte Umwelt erzeugen.

Gelangt ein energiereiches Photon in die «Unterwelt», so kann es hier einem Teilchen soviel positive Energie übertragen, dass nicht nur dessen negative Energie kompensiert wird, sondern dass das Teilchen sogar im Endeffekt einen positiven Energiebetrag aufweist. Es wird dadurch also aus der «Unterwelt» mit den negativen Energien in die «Oberwelt» mit den positiven Energien emporgehoben und erscheint hier als beobachtbares (normales) Elektron mit seiner positiven Energie und negativen elektrischen Ladung. In der Unterwelt, im Dirac-See, ist demzufolge ein Loch entstanden (darum «Löchertheorie»). Durch dieses Loch ist der Zustand, bei dem sich alle Wirkungen der Teilchen in der Unterwelt aufheben, gestört. Es fehlt in der Unterwelt, im Loch, die negative elektrische Ladung, die das Teilchen beim Übergang von der Unterwelt in die Oberwelt mitgenommen hat. Darum erscheint in der Oberwelt das Loch als ein positiv elektrisch geladenes Teilchen, als ein Positron. Auf diese Weise wird die in der Physik bekannte Erscheinung der Umwandlung eines Lichtquants in ein Elektron und ein Positron anschaulich erklärt.

Die Diracsche Löchertheorie ist durch den Kieler Atomphysiker Erich Bagge weiterentwickelt worden.

Wer sich ausführlicher mit dieser Materie befassen möchte, dem sei das Buch *Schöpfung aus dem Nichts* von v. d. Osten-Sacken empfohlen (Düsseldorf und Wien 1981).

Allerdings gibt es unter den Physikern noch andere Überlegungen: Trifft beispielsweise ein Positron mit einem Elektron zusammen, so löst sich zwar das Materielle auf, die Teilchen zerstrahlen. Das Resultat ist jedoch dabei nicht die Null: Es entsteht Energie. Aus der Energie können Teilchen mit ihren Antiteilchen auch geboren werden, doch nicht aus dem Nichts, aus der Null. Die Voraussetzung hierzu ist das Vorhandensein der Energie, etwa in Form eines Photons. Eine völlig veränderte Situation ergäbe sich jedoch, wenn man in Analogie zu den materiellen Teilchen einem Energieteilchen, einem Energiequant, ein Antiteilchen zuordnete. Warum sollte nicht auch eine negative Energie existieren? Diese Annahme ist der Ausgangspunkt vieler theoretischer Arbeiten, die auch kosmologische Bedeutung gewonnen haben. Bezeichnet man eine

Energiegrösse mit E^+, die ihr im absoluten Betrag gleiche, jedoch negative Energie mit E^-, so folgt $E^+ + E^- = 0$. Die beiden Energiegrössen zusammen würden sich also exakt in ein Nichts verwandeln. Denkbar wäre aber auch die Umkehrung. Die Gleichung kann in umgekehrter Richtung geschrieben werden: $0 = E^+ + E^-$. Aus der Null könnten demnach beide Energiearten entstehen. Sie wären aus der Null, dem Nichts geboren worden.

Der Begriff der negativen Energie wird von den Theoretikern unterschiedlich interpretiert. Pascual Jordan und Hannes Alfvén geben in ihren kosmologischen Betrachtungen den Bindungsenergien der Gravitation, der Elektrodynamik und den Kernkräften ein negatives Vorzeichen, wogegen sie den Ruheenergien der Massen ($E = mc^2$) und ihre Kinetischen Energien positiv bezeichnen. Die Gesamtenergie des Weltalls könnte bei diesen Annahmen gleich Null sein. In einigen neueren theoretischen Arbeiten wird ebenfalls mit negativer Energie operiert, wobei jedoch über sie sehr unterschiedliche Annahmen gemacht werden.

Die Schöpfung aus dem Nichts, aus der Null, erscheint nach diesen Überlegungen in einem faszinierenden Licht. Vielleicht entstand beim Urknall aus der Null die Welt, fragte v. d. Osten-Sacken. Doch warum sollte sich nur damals das Nichts in «Plus» und «Minus» geteilt haben? Vielleicht ist es auch gegenwärtig möglich. Es liegt auch kein Grund vor, die Schöpfung aus dem Nichts nur an jene Stellen im Weltraum zu verlegen, an denen man die Materiequellen beobachtet, also an Quasare und Galaxienkerne. Die Null existiert überall. Sie könnte sich auch in kleine Raten teilen. Positive und negative Energien könnten prinzipiell auch in unserer unmittelbaren Umwelt in kleinen Mengen entstehen.

Nach der Quantenmechanik ist das Vakuum, also ein nach der klassischen Physik absolut leerer Raum, tatsächlich nicht leer, sondern von Teilchen- und Antiteilchenpaaren ausgefüllt.

Orte der Kraft und Orte der Schädigungen
Positive und negative Strahlungen

Es gibt eine These, nach der die bedeutendsten Kirchen, Kathedralen und Kultstätten auf Stellen errichtet worden sind, die über einer positiven Erdbestrahlung liegen – Orte, die eine gewisse Stimmung erzeugen und das religiöse oder kultische Geschehen stimulieren sollen. Als Beispiel dafür werden die grossen Kathedralen in Frankreich genannt, Chartres an erster Stelle. Aber auch der Dom zu Aachen, die Kultstätte Stonehenge in England, die klassischen griechischen und römischen Tempel, die Kultbauten der Inkas und viele andere Kultstätten überall auf der Welt.

Demgegenüber stehen die sogenannten negativ bestrahlten Orte, die über Wasseradern und Verwerfungen liegen und schädliche Einflüsse auf unser Wohlbefinden und unsere Gesundheit haben sollen. Von diesen negativ bestrahlten Orten wird sogar behauptet, dass sie das Krebsgeschehen beeinflussen können.

In seinem 1982 in mehreren 3. Fernsehprogrammen ausgestrahlten Film «Orte der Kraft» dokumentierte der Produzent und Regisseur Theo Ott: das Wissen und die Bedeutung solcher «Erdstrahlen» ist uralt und wurde früher bei der Auswahl von Bauplätzen berücksichtigt. Kultstätten der Steinzeit, später Sakralbauten, sind auf Stellen hoher Strahlungskonzentration errichtet worden.

Der Diplomingenieur und Dozent am Institut für Baukunst der Universität Innsbruck, Jörg Purner, hatte im Verlaufe der vergangenen Jahre mehr als 90 Kirchen, Kapellen und Kathedralen sowie 30 Kultstätten auf ihre Standorte untersucht. Die Anregung zu diesen ausgedehnten Untersuchungen hatte der Bauingenieur von einem Londoner Architekten erhalten, der ihn darauf hinwies, dass sich in England prähistorische, aber auch historische Kultstätten immer auf Zonen mit spezifischen energetischen Bodenausstrahlungen oder deren Kreuzungen befänden bzw. danach ausgerichtet seien.

Purner war auch in Irland und Italien gewesen, hatte die bekanntesten Kathedralen in Frankreich untersucht, aber auch

Reste von Keltenfestungen oder berühmte Wallfahrtsorte in Österreich und der Bundesrepublik. Er zeigte dem Filmregisseur Theo Ott eine Mappe mit Fotos und Grundrissen der Kirchen und Kultstätten, die er im Lauf der Jahre vermessen hatte. Mit beeindruckender Genauigkeit sind die Erdstrahlungszonen auf den Plänen eingezeichnet. Purner erklärte dazu: «Meine radiästhetischen Untersuchungen haben ergeben, dass sich all diese Objekte über Zonen befinden, die einen Rutengänger provozieren. Ich konnte bis jetzt keine einzige Kultstätte ausfindig machen, die diese Merkmale nicht aufgewiesen hätte! Aufgrund meiner Untersuchungen nehme ich an, dass in früheren Zeiten ein Wissen um verschiedene Standortqualitäten der Erde vorhanden war, dass die energetische Situation im Bereich der Kultstätten offensichtlich von Wichtigkeit und Interesse war – und dass es auch eine Möglichkeit der Ortung solcher Zonen gegeben haben muss.»

Zur Frage des Wie meinte er: «In vielen Legenden und Gründungsgeschichten der Kultstätten ist von Priestern die Rede die den Bau zu prüfen hatten. Auch dass es Eingeweihte gab, die imstande waren, die entsprechenden Zeichen wahrzunehmen, um einen Platz zu finden, der eines heiligen Ortes würdig war.»

Für Erdstrahlenfühligkeit gilt das gleiche wie für den Föhn: Nicht jedermann ist für sie empfänglich. Doch gibt es schon zu viele erwiesene Tatsachen, die für sich selbst sprechen, als dass man an ihrer Existenz zweifeln könnte.

Hierzu einige Beispiele:

In beiden Weltkriegen und danach sind Wünschelruten von den Streitkräften im Fronteinsatz zur Minensuche benützt worden.

Auch bei der Blindgängersuche werden heute noch, nach dem Einsatz von feinstmagnetischen Messgeräten, Wünschelruten zur letzten Kontrolle eingesetzt. Das Suchziel sind feinmagnetische Anomalien.

In ständig zunehmendem Umfang werden heute wieder Baustellen vor Erstellung von Plänen auf Störzonen hin untersucht. Das Rosenheimer «Institut für Baubiologie» wird mit derartigen Aufträgen geradezu überhäuft. Nicht allein von privaten Bauherren, auch Städtischen Krankenhäuser und andere Kommunalbauten werden immer häufiger baubiologisch konzipiert.

Das Institut für Strahlenhygiene des Bundesgesundheitsamtes hat 1977 einen Bericht mit folgendem Titel vorgelegt: «Die Strahlenexposition von aussen in der Bundesrepublik durch natürliche radioaktive Stoffe im Freien und in Wohnungen, unter Berücksichtigung des Einflusses von Baustoffen.» Für diesen Bericht sind 25 000 Strahlenmessungen im Freien und 30 000 Erdstrahlenmessungen in Wohnungen gemacht worden. Ergebnis: Baumaterial kann natürliche Erdstrahlen abbremsen, verlangsamen, aber auch vervielfachen. Im letzteren Fall kann es uns in den Wohnungen mit einer vielfach stärkeren ionisierenden Strahlung belasten. –

In der Ruine einer Mönchskapelle auf der irischen Insel Skellig Michael (25 Meilen vor Südirland im Atlantik gelegen, der westlichste Punkt Europas) fand Dr. Jörg Purner mit der Rute starke Strahlungen über dem Altar: ein «Ort der Kraft»! Als Messgerät verwendet Purner die sogenannte Lecher-Rute, eine verfeinerte Wünschelrute, auf der man gewisse Frequenzbereiche markieren und sich damit besser auf die gesuchte Strahlung «eichen» kann. Auf jede Messung folgen mehrere Gegenkontrollen mit Ruten aus anderem Material und aus anderen Ausgangspositionen.

Altäre oder Kanzeln, erklärte Purner, stehen häufig über besonders intensiv bestrahlten Orten. Damit soll der Priester und Prediger angeregt werden, ‹über sich selbst hinauszuwachsen›.

Eine riesige Felsgrotte bei Würenlos, in der Nähe von Zürich, gilt neben Lourdes und Chartres als einer der drei stärkstbestrahlten Orte in Europa. Mit drei grundverschiedenen Rutengängern und einem weiteren Experten, ausgestattet mit einem physikalischen Gerät, dem sogenannten Hautwiderstandsmesser, wurde den Strahlungsverläufen in der Grotte nachgegangen. Jeder der vier Tester musste unabhängig von den anderen seine Resultate angeben. Erstaunlicherweise stimmten die Messungen der drei Rutengänger und die des Physikers genau überein.

«Phänomene kann man nicht erklären, und dass wir sie nicht erklären können, liegt nicht an den Phänomenen, sondern an uns.» Dieser Satz von Hippokrates trifft auf die Radiästhesie (diese Bezeichnung wurde in den dreissiger Jahren von Abbé Bouly in Frankreich geprägt und bedeutet so viel wie «Strahlenfühligkeit») heute noch zu. Sie wissenschaftlich zu untermauern und damit salonfähig zu machen, ist trotz unzähliger Versuche bisher nicht gelungen. Dennoch wird das «magische Reis in kundiger Hand» – wie Goethe die Wünschelrute beschrieb – noch heute bei der Suche nach Erz und neuerdings sogar für die Auffindung von Erdöl und Erdgas eingesetzt.

Auch die radiästhesistische Arbeit des «Institutes für Baubiologie» in Rosenheim basiert auf reinen Erfahrungswerten – auf Empirie allerdings, die auf eine lange Geschichte zurückblickt. Schliesslich soll ja der Stab, mit dem Moses, um Wasser zu finden, an den Felsen geschlagen hat, nichts anderes gewesen sein als eine Wünschelrute...

Unter den Mitarbeitern des Rosenheimer Institutes sind mehrere promovierte Physiker und Naturwissenschaftler. Die gemeinsamen Erfahrungen werden in mehreren Schriftenreihen publiziert und sollen Baufirmen, Architekten und künftigen Privat-Bauherren über biologisches Bauen informieren. Prof. Schneider, der Leiter des Institutes schreibt in der Zeitschrift *Gesundes Wohnen* (Nr. 6) u. a.: «Die Erde strahlt. Erdstrahlen beeinflussen Pflanzen, Tier und Mensch harmonisch oder disharmonisch... Wie ein Baum auf einem gestörten Standort verkrüppelt, erkrankt, unfruchtbar bleibt oder abstirbt, ebenso ergeht es dem Menschen, der jahrelang auf solchen Plätzen wohnt... Schädliche Strahlungen der Erde belasten stressartig (Reizzonen), besonders die empfindlichen Steuerungssysteme von Organismen... Diese Erkenntnisse beruhen auf uraltem Erfahrungsgut und auf wissenschaftlichen Untersuchungen. Es ist erwiesen, dass über gestörten Plätzen von der Norm abweichende radioaktive, infrarote, elektrische und/oder magnetische Strahlen bzw. Felder und gebremste Neutronenstrahlen auftreten. Ihre schädliche Wirkung wurde an Pflanzen, Tieren und an Menschen tausendfach beobachtet bzw. untersucht.»

Der Institutsleiter empfiehlt: «Als Konsequenz daraus sollte man wie in früheren Zeiten kein Haus auf eine Reizzone stellen; zumindest sollten die Schlafplätze störungsfrei sein. Für den verantwortungsbewussten Bauherrn und Architekten muss es selbstverständlich sein, vor der Bauplanung eine genaue Standortuntersuchung durchzuführen – nach altbewährten subjektiven Verfahren (mit Hilfe geprüfter Rutengänger) oder – eventuell zusätzlich – durch physikalische Messungen.»

Das Wetter

Beim Wetter erkennen wir die Polarität im ständigen Wechsel zwischen einem barometrischen Hoch und einem Tief. Diese Wechsel sind notwendig für den Luftaustausch und die Reinerhaltung der Luft. Diese Wechsel bedingen auch den Wind, den wir so dringend benötigen. Wo der Wind fehlt, kommt es besonders in den Ballungsgebieten zu dem so befürchteten Smog.

Polarität bei den Arzneimitteln

Entgegengesetzte Wirkung ein und desselben Stoffes je nach der Konzentration (Homöopathie). Über die in den Pflanzen innewohnende Kraft: Der *blaue* Eisenhut (Aconitum Napellus) ist als Giftpflanze allgemein bekannt. Der *gelb* blühende Heilwurz-Eisenhut (Aconitum Anthora) soll nach Angabe einiger Autoren ein wirksames Gegenmittel sein. Gelb und Blau sind Komplementärfarben. Pflanzen ein und derselben Art, deren Blütenfarbe komplementär ist, verhalten sich in ihren Grundwirkungen einander entgegengesetzt. Es gibt somit eine Signatur der Dinge, deren vollkommene Kenntnis von grossem Nutzen wäre.

Der Grundsatz «Similia similibus curantur» (Ähnliches wird nur durch Ähnliches geheilt) gilt im übrigen als Kennzeichen zur Auffindung des Heilmittels. Die niedrigen Verdünnungen wirken demnach verschlimmernd auf den Krankheitszustand

ein, da sie auch im gesunden Organismus ähnliche Krankheits-
erscheinungen hervorrufen. Die höheren Potenzen aber verhalten sich entgegengesetzt den niedrigen. Also heilend wirkt auch
in der Homöopathie der Gegensatz (die Polarität)!

Nux vomica zum Beispiel ist in konzentrierter Form ein
heftiges Gift, das u. a. starkes Erbrechen hervorruft. Nux
vomica in höherer homöopathischer Verdünnung heilt das
Erbrechen. «Verdünnt das Gift» sagt Prof. G. Jäger, «so
gelangt ihr schliesslich zur indifferenten Zone, verdünnt weiter,
und es offenbart sich eine entgegengesetzte Polarität.»

Konzentriertes Ozon wirkt tödlich, entsprechend verdünnt
heilend, Leben erweckend. Auch von anderer Seite wird der
Standpunkt vertreten, dass jedes Atom und Molekül im Weltall
sowohl Geber des Lebens als auch des Todes sein kann: es
schafft und tötet, ist selbsterzeugend und selbstzerstörend, es
bringt ins Dasein und vernichtet. Ein Beispiel: man hat gefunden, dass das Ptomain, das beim Zerfall von Leichen und Eiter
erzeugt wird, wenn es mit Hilfe von flüchtigem Äther extrahiert
wird, einen Geruch gibt, so stark wie von den frischesten
Orangenblüten, aber dass solche Alkaloide, wenn von Sauer-
stoff frei, entweder einen ekelhaften, abstossenden Geruch
oder sonst ein höchst angenehmes Aroma haben, das an das der
zartduftenden Blüten erinnert, und man vermutet, dass solche
Blüten ihren angenehmen Duft dem giftigen Ptomain verdanken. Die giftige Essenz gewisser Pilze ist ebenfalls fast gleichar-
tig mit dem Gift der indischen Kobra. Das Kobragift, in der
8.–10. homöopathischen Dezimalpotenz Krebskranken einge-
spritzt, erwies sich als schmerzstillend und das Krebsleiden
günstig beeinflussend.

Es gibt aber noch eine andere Form der Wirkungsweise von
Medikamenten. So wird z. B. in der heutigen Gesundheitsfür-
sorge die zentrale Rolle der Medikamente oft mit der Bemer-
kung gerechtfertigt, dass die wirksamsten Medikamente heute
– einschliesslich Digitalis, Penizillin und Morphium – aus
Pflanzen hergestellt werden, von denen viele seit alten Zeiten
als Medizin verwendet wurden. Nach dieser Argumentation ist
die Anwendung von Medikamenten nur die Fortsetzung einer
Gewohnheit, die so alt ist wie die Menschheit selbst. Das mag

durchaus wahr sein, doch besteht ein ganz entscheidender Unterschied zwischen pflanzlichen Arzneien und chemischen Medikamenten. Die in modernen pharmazeutischen Laboratorien hergestellten Medikamente sind gereinigte und hochkonzentrierte Dosen von Substanzen, die in der Natur in Pflanzen vorkommen. Diese gereinigten Substanzen erweisen sich als weniger wirksam und gefährlicher als die natürlichen ungereinigten Heilmittel, worauf der Physiker Fritjof Capra hinweist. Neuere Experimente mit pflanzlichen Heilmitteln deuten darauf hin, dass das gereinigte aktive Prinzip als Medizin weniger wirksam ist als der unbearbeitete rohe Extrakt aus der Pflanze, weil letzterer Spurenelemente und Moleküle enthält, die früher als unwichtig galten, von denen sich inzwischen jedoch herausgestellt hat, dass sie eine wichtige Rolle bei der Begrenzung der Wirkung des eigentlichen aktiven Bestandteils spielen. Sie stellen sicher, dass die Reaktion des Körpers nicht zu weit geht und dass keine unerwünschten Nebenwirkungen auftreten. Unbearbeitete Extrakte von pflanzlichen Stoffen besitzen auch sehr spezielle antibakterielle Eigenschaften. Sie zerstören die Bakterien nicht, sondern hindern sie an der Vermehrung; so ist es unwahrscheinlich, dass Mutationen auftreten und sich Bakterienstämme entwickeln, die sich gegenüber Medikamenten als resistent erweisen. Ausserdem ist die Dosierung pflanzlicher Arzneien weniger problematisch als die chemischer Medikamente. Pflanzliche Mixturen, die empirisch seit tausend Jahren ausprobiert sind, brauchen wegen der darin enthaltenen mildernden Wirkstoffe nicht genau quantifiziert werden. Hier reichen ungefähre Dosen aus, die sich nach dem Alter, dem Körpergewicht und der Grösse des Patienten richten. Mit diesen Ergebnissen bringt die moderne Wissenschaft ein empirisches Wissen neu zur Geltung, das durch Heilkundige in allen Kulturen und Traditionen von Generation zu Generation weitergegeben wurde.

Reduktionismus – Holismus

Seit dem 17. Jahrhundert war für uns die Physik das glänzende Beispiel einer «exakten» Wissenschaft und hat als Modell für andere Wissenschaften gegolten. Zweieinhalb Jahrhunderte lang haben Physiker eine mechanistische Weltanschauung verfolgt, um den uns als klassische Physik geläufigen begrifflichen Rahmen zu entwickeln und zu verfeinern. Sie gründeten ihre Ideen auf die mathematische Theroie von Isaac Newton, die Theorie von René Descartes und die von Francis Bacon entwikkelte wissenschaftliche Methodologie und bauten diese in Übereinstimmung mit der allgemeinen Auffassung von der Wirklichkeit aus, wie sie im siebzehnten, achtzehnten und neunzehnten Jahrhundert vorherrschte. Materie galt als Grundlage allen Seins, und die materielle Welt wurde als Vielzahl separater, zu einer riesigen Maschine zusammengesetzter Objekte angesehen. So wie die von Menschenhand gefertigte, galt auch die kosmische Maschine als aus elementaren Teilen bestehend. Dementsprechend meinte man, komplexe Phänomene könnten immer verstanden werden, wenn man sie auf ihre Grundbausteine reduziert und nach dem Mechanismus sucht, der diese Einzelteile zusammenwirken lässt. Diese als Reduktionismus bekannte Haltung ist in unserer Kultur so tief verwurzelt, dass sie oft mit der wissenschaftlichen Methode gleichgesetzt wurde. Die anderen Wissenschaften akzeptierten die reduktionistischen und mechanistischen Anschauungen der klassischen Physik als die richtige Beschreibung der Wirklichkeit und modellierten ihre eigenen Theorien dementsprechend. Wann immer Psychologen, Soziologen oder Nationalökonomen wissenschaftlich sein wollten, wandten sie sich ganz natürlich den grundlegenden Begriffen der Physik Newtons zu.

Im zwanzigsten Jahrhundert hat die Physik jedoch mehrere gedankliche Revolutionen erlebt, die eindeutig die Grenzen ihrer mechanistischen Weltanschauung offenbaren und zu einer organischen, ökologischen Sicht der Welt führen, die grosse Ähnlichkeit mit den Anschauungen der Mystiker aller Zeitalter und Überlieferungen aufweist. Das Universum wird nicht länger als grosse Maschine angesehen, die aus einer Vielzahl separater Teile besteht, sondern als harmonisches, unteilbares Ganzes, als ein Netz dynamischer Beziehungen, die auf ganz entscheidende Weise den menschlichen Beobachter und sein Bewusstsein einbeziehen. Die Tatsache, dass die moderne Physik, Manifestation einer extremen Spezialisierung des rationalen Verstandes, Kontakt mit der Mystik aufnimmt, zeigt auf sehr schöne Weise die Einheit und komplementäre Natur der rationalen und der intuitiven Bewusstseinsarten, des Yang und des Yin. Daher können Physiker den wissenschaftlichen Hintergrund für den Wandel der Verhaltensweisen und Wertbegriffe liefern, den unsere Gesellschaft so dringend benötigt. In einer von der Naturwissenschaft beherrschten Kultur wird es sehr viel einfacher sein, unsere gesellschaftlichen Institutionen davon zu überzeugen, dass fundamentale Veränderungen notwendig sind, wenn wir unsere Argumente wissenschaftlich begründen. Genau das können Physiker jetzt tun, wie der Physiker und Philosoph Fritjof Capra in seinem Buch *Wendezeit* erklärt. Die moderne Physik kann den anderen Wissenschaften zeigen, dass wissenschaftliches Denken nicht zwangsläufig reduktionistisch und mechanistisch sein muss, dass ganzheitliche und ökologische Anschauungen ebenfalls wissenschaftlich einwandfrei sind.

Der Ausdruck Holismus bzw. holistisch ist aus dem griechischen «holos» (= ganz) abgeleitet. Er bezieht sich auf ein Verständnis der Wirklichkeit als bestehend in intergrierten Ganzheiten, deren Eigenschaften nicht auf solche kleinerer Einheiten reduziert werden können.

Es war eine der Hauptlektionen, die Physiker in diesem Jahrhundert lernen mussten, nämlich die Einsicht, dass alle Begriffe und Theorien zur Beschreibung der Natur Grenzen haben. Wegen der wesentlichen Begrenztheit des rationalen Verstandes müssen wir akzeptieren, was Werner Reisenberg so formuliert, «*dass nämlich jedes Wort oder jeder Begriff, so klar er uns auch erscheinen mag, doch nur einen begrenzten Anwendungswert hat*». Wissenschaftliche Theorien können niemals eine vollständige und definitive Beschreibung der Wirklichkeit liefern. Sie werden stets nur Annäherungen an das wahre

Wesen der Dinge sein. Um es ganz grob zu sagen: Wissenschaftler befassen sich nicht mit der Wahrheit, sie befassen sich mit einer begrenzten und annähernden Beschreibung der Wirklichkeit.

Das Universum wird nicht länger als grosse Maschine angesehen die aus einer Vielzahl separater Teile besteht (= Reduktionismus), sondern als harmonisches, unteilbares Ganzes, als ein Netz dynamischer Beziehungen. Werner Heisenberg drückte es so aus: «So erscheint uns die Welt als kompliziertes Gewebe von Vorgängen, in dem sehr verschiedenartige Verknüpfungen sich abwechseln, sich überschneiden und zusammenwirken und in dieser Weise schliesslich die Struktur des ganzen Gewebes bestimmen.»

Das Universum ist also ein einheitliches Ganzes, das bis zu einem gewissen Grade in getrennte Teile zerlegt werden kann, in Objekte, bestehend aus Molekülen und Atomen, die ihrerseits aus Teilchen bestehen. Doch hier, auf der Ebene der Teilchen, gilt der Begriff separater Teile nicht mehr. Die subatomaren Teilchen – und somit letztlich alle Teile des Universums – können nicht mehr als isolierte Einheiten verstanden werden, sondern lassen sich nur durch ihre Wechselbeziehungen definieren. Henry Strapp von der Universität von Kalifornien schreibt hierzu: «Ein Elementarteilchen ist kein unabhängig existierende Einheit. Es ist im Grunde eine Gruppierung von Zusammenhängen, die sich zu anderen Dingen hin erstrecken.» Diese Verlagerung von Objekten zu Zusammenhängen hat weitreichende Implikationen für die Naturwissenschaft insgesamt.

Nach Frietjof Capra wird jedes Ereignis vom gesamten Universum beeinflusst, und obwohl wir diesen Einfluss nicht in Einzelheiten beschreiben können, erkennen wir doch eine Ordnung, die in statistischen Gesetzen ausgedrückt werden kann.

Reduktionismus und Ganzheitslehre, Analyse und Synthese sind sich ergänzende Methoden, die uns zu tieferem Verständnis des Lebens verhelfen, wenn sie im rechten Gleichgewicht angewendet werden. Unter dieser Voraussetzung können wir uns auch mit der Frage der Natur lebender Organismen beschäftigen, wobei es von Nutzen sein kann, die wesentlichen Unterschiede zwischen einem Organismus und einer Maschine zu untersuchen. Zunächst müssen wir einmal spezifizieren, von welcher Art von Maschinen wir überhaupt sprechen. Es gibt moderne kybernetische Maschinen, die eine Reihe von Eigenschaften von Organismen aufweisen, so dass ihre Unterscheidung vom Organismus ziemlich subtil wird. Das waren jedoch nicht die Maschinen, die der mechanistischen Philosophie des 17. Jahrhunderts als Vorbild dienten. Nach Ansicht von Descartes und Newton war die ganze Welt eine Maschine im Stile des 17. Jahrhunderts, im wesentlichen ein Uhrwerk. Diese Art ist gemeint, wenn wir das Funktionieren einer Maschine mit dem eines lebenden Organismus vergleichen.

Der zuerst ins Auge fallende Unterschied ist der, dass Maschinen *gebaut* werden, während Organismen *wachsen*. Dieser fundamentale Unterschied bedeutet, dass ein Organismus als ein Geschehnis begriffen werden muss. So ist es zum Beispiel unmöglich ein genaues Bild einer Zelle durch eine statische Zeichnung oder durch Beschreibung der Zelle als statische Form zu liefern. Wie alle lebenden Systeme sind Zellen Vorgänge, in denen die dynamische Organisation des Systems zum Ausdruck kommt. Während die Aktivitäten einer Maschine von ihrer Struktur bestimmt werden, ist es im Organismus gerade umgekehrt: die organische Struktur wird durch dynamische Vorgänge bestimmt.

Maschinen werden gebaut, indem eine genau vorgeschriebene Zahl von Teilen auf präzise und vorbestimmte Art zusammengesetzt wird. Dagegen verfügt ein Organismus über ein hohes Mass an interner Flexibilität und Gestaltungsfähigkeit. Die Formen seiner Teile können in gewissen Grenzen variieren, und es gibt nie zwei Organismen mit absolut identischen Teilen. Obwohl der Organismus als Ganzes genaue Regelmässigkeiten und Verhaltensmuster erkennen lässt, sind die Zusammenhänge zwischen seinen Teilen nicht starr festgelegt. Diese Ordnung wird durch koordinierende Aktivitäten geschaffen, die den Teilen keinen starren Zwang auferlegen, sondern Raum lassen für Variationen und Flexibilität, und genau diese Flexibilität ist es, die lebende Organismen in die Lage versetzen, sich neuen Umständen anzupassen. Maschinen funktionieren nach einer linearen Kette von Ursache und Wirkung, und wenn eine Panne auftritt, kann dafür in der Regel eine einzige Ursache nachgewiesen werden. Im Gegensatz dazu wird das Funktionieren eines Organismus gelenkt durch ein zyklisches Muster von Informationen, das als Rückkoppelungsschleife bekannt ist.

Diese nichtlineare Verbundenheit lebender Organismen deutet darauf hin, dass die konventionellen Versuche der biomedizinischen Wissenschaft, Krankheiten mit einzelnen Ursachen zu assoziieren, höchst problematisch sind. Sie zeigt ferner auf, wie trügerisch der «genetische Determinismus» ist also der Glaube, dass die verschiedenen physischen oder psychischen Eigenarten eines individuellen Organismus von seiner genetischen Ausstattung «kontrolliert» oder «diktiert» werden. Das Systembild macht deutlich, dass die Gene das Funktionieren eines Organismus nicht so ausschliesslich bestimmen wie Federn und Rädchen das bei einem Uhrwerk tun. Gene sind vielmehr integrale Teile eines geordneten Ganzen und passen sich entsprchend dessen systemhafter Organisation an.

Ein lebendes System ist ein sich selbst organisierendes System, was bedeutet, dass seine Ordnung in bezug auf Struktur und Funktion nicht von der Umwelt aufgezwungen, sondern vom System selbst hergestellt wird. Selbstorganisierende Systeme demonstrieren einen gewissen Grad von Autonomie; so neigen sie beispielsweise dazu, ihre Grösse unabhängig von Umwelteinflüssen nach inneren Organisationsprinzipien zu gestalten. Das bedeutet nicht, dass lebende Systeme von der Umwelt isoliert sind; im Gegenteil, sie stehen in ständiger Wechselwirkung mit ihr, doch bestimmt diese Wechselwirkung nicht ihre Organisation. Die beiden wichtigsten dynamischen Phänomene der Selbstorganisation sind Selbsterneuerung – die Fähigkeit lebender Systeme, ihre Komponenten ständig zu erneuern, wieder in Gang zu bringen und dabei die Integrität ihrer Gesamtstruktur zu bewahren und Selbst-Transzendenz, also die Fähigkeit, durch die Vorgänge des Lernens, der Entwicklung und der Evolution kreativ über die eigene physischen und geistigen Grenzen hinauszugreifen.

Selbstbehauptung und Integration
Ein komplementäres Gegensatzpaar

«In allen lebenden Systemen gibt es Einzelteile, die auch wieder integrierte Ganzheiten sind, die sich ihrer Umwelt gegenüber behaupten. Dadurch kommt es zu Konflikten. Es gibt aber auch die Tendenz zur Integration und Harmonie. In natürlichen Systemen entsteht ein Gleichgewicht zwischen diesen beiden Tendenzen.

Ganz ähnlich ist es im sozialen Bereich. Mit der Überbetonung des reduktionistischen, mechanistischen Weltbildes haben wir auch die Selbstbehauptung überbetont. Jetzt müssen wir uns wieder integrieren in die Ganzheit, sowohl ökologisch wie auch sozial.

Ganzheitlich zu denken kann man sich in der Wissenschaft aneignen. Das ist zwar schwierig, aber auch faszinierend. Die Avantgarden in den verschiedenen Wissenschaften gehen jetzt in solche Richtungen. Man kann es aber auch auf Erfahrung basierend sich aneignen.»

Auszug aus einem Gespräch der Redaktion *Bild der Wissenschaft* mit dem Physiker Fritjof Capra. Vergl. *Bild der Wissenschaft* Nr. 8/83, S. 116.

Geist – Materie

Die Gnosis war ursprünglich, im ersten Jahrhundert nach Christus, ein philosophisches System, dessen Anhänger behaupteten, zu einer direkten Erkenntnis Gottes gelangen zu können, und zwar nicht durch einen reinen Glaubensakt, sondern von der Basis der damaligen wissenschaftlichen Kenntnisse ausgehend. Ihre Philosophie beruhte vor allem auf dem Postulat von besonderen Wesen, die als Träger des Geistes das Verhalten der Materie bestimmen, und die sie Äonen nannten.

Die Neognostiker von Princeton und Pasadena haben von dieser alten Lehre die Idee übernommen, dass das, was wir als Geist bezeichnen, mit allen Phänomenen des Universums, gleichgültig ob physischer oder psychischer Natur, *untrennbar verbunden* ist. Prinzipiell zumindest muss also eine «wissenschaftliche» Erkenntnis des Geistes, das heisst, eine Beschreibung in wissenschaftlichen Termini, möglich sein, wenn dies unter Umständen auch eine Erneuerung der gesamten wissenschaftlichen Terminologie erfordern würde. Den Neognostikern erschien es unter diesem Gesichtspunkt von Anfang an unhaltbar, die Auffassung vom Menschen als dem Zentrum des Denkens weiterhin aufrechtzuerhalten: Wenn der Mensch behauptet «ich denke», sollte er, betonen sie, richtiger sagen «es denkt» oder «es herrscht ein Gedanke im Raum», so wie etwa der Physiker sagt «es herrscht ein Magnetfeld im Raum», oder der Mann auf der Strasse feststellt «es regnet». Überall, im gesamten Universum, konstatieren wir die Existenz einer fundamentalen Grösse, die imstande ist, einen Gedanken im Raum entstehen zu lassen, etwa so, wie ein Elektron ein elektrisches Feld entstehen lässt.

Solange diese neognostische Auffassung freilich nicht den Beweis erbracht hat, dass sie einer in der Terminologie der Wissenschaft ausdrückbaren Wirklichkeit entspricht, die in sinnvollem Zusammenhang mit der Gesamtheit der beobachteten und beschreibbaren wissenschaftlichen Phänomene steht, solange kann sie nur als ein *möglicher Zugang* zur Erkenntnis gelten. Das allein verleiht ihr schon eine grundlegende Bedeutung, denn wenn es auch keineswegs genügt, ein Fenster in die Mauer zu schlagen, um die Landschaft dahinter gleich in allen Einzelheiten erkennen zu können, so stellt es doch den ersten Schritt dazu dar, überhaupt etwas zu sehen. Dieses Bild beschreibt ziemlich genau die gegenwärtige Haltung der Neognostiker, die einstweilen nicht mehr sein wollen als ein neues Fenster zur Betrachtung der universalen Landschaft von Geist und Materie, die sie, unter gleichzeitiger Berücksichtigung beider Elemente, zu beschreiben versuchen. Ihr langfristiges Ziel ist die «Psychosynthese»; um diese zu erreichen aber bedarf es zunächst einer Erweiterung der wissenschaftlichen Terminologie, worin die Neognostiker derzeit auch ihre dringlichste Aufgabe sehen.

Mit dieser neuen Einstellung der Erkenntnis gegenüber sind noch einige besondere Aspekte verbunden.

Das erste ist – wie der Franzose Jean E. Charon, theoretischer Physiker, in seinem Buch *Der Geist der Materie* (Wien/Hamburg 1979) schreibt – die Annahme eines relativ «bescheidenen» Standpunktes bei der Beurteilung dessen, was man menschlichen Intellekt nennt. Man könne nicht mehr sagen der Mensch denkt oder weiss, denn in ihm denken und wissen vielmehr diese winzigen Individuen, die die universellen Träger des Geistes sind, und die wir, in Anlehnung an die früheren Gnostiker, «Äonen» nennen wollen.

Arthur Köstler prägte hierfür den Ausdruck «Holon», den die Neognostiker von Princeton zur Charakterisierung dieser kleinsten geisttragenden Einheiten übernommen haben. Der objektive Mystizismus dagegen vertritt die Meinung, dass das Wirken einer geistigen Hierarchie hierfür in Frage kommt.

Ihnen ist das Wirken der Menschheit bekannt, denn sie sind es ja, die dieses Wissen erdenken. Ihr eigentliches Wissen geht jedoch weit über das hinaus, was der Mensch je in irgendeiner Sprache zu formulieren verstand, vor allem kennen sie das Geheimnis der Erschaffung des Lebens. Der heutige Wissensstand der Menschheit ist also nur jener winzigkleine Teil des *Gesamtwissens* der Äonen, der sich im Rahmen der den menschlichen Gesellschaften eigenen Konventionen sprachlich ausdrücken lässt.

Eine weitere Konsequenz hängt nach Charon mit der ersten unmittelbar zusammen: Es ist absurd und unrichtig, zu glauben, dass ein Mitmensch, der keine «Studien» absolviert hat, aber auch ein Tier oder eine Pflanze «Ignoranten» seien. Das zu behaupten wäre ebenso unsinnig, wie bei der Beurteilung zweier Wissenschaftler von gleich hohem Niveau den einen als Ignoranten zu bezeichnen, nur weil er, im Gegensatz zu dem anderen, nicht Bridge spielen kann. Im Hinblick auf das Gesamtwissen der Äonen sind alle diese menschlichen Werturteile nur Ausdruck einer lächerlichen anthropozentrischen Überheblichkeit. Der «nackte Affe» ist den anderen Affen auf der Ebene des Tierreichs zwar überlegen, ob aber seine Äonen aus kosmischer Sicht weiser sind als die anderen, ist zumindest zweifelhaft. Schluss also mit der degradierenden Hierarchie des

Wissens; keinem Lebewesen steht das Recht zu, sich als Herr und Meister über alle anderen Lebewesen zu erheben!

Der Begriff des «Meisters» ist bei den Neognostikern schon deshalb verpönt, weil nicht einmal die Hauptakteure des geistigen Abenteuers, die Äonen selbst, in die Regeln und Zielsetzungen des «Grossen Spiels des Universums» vollständig eingeweiht sind: Ihre Tätigkeit besteht darin, ständig neue und immer kompliziertere Spielregeln zu ersinnen und dadurch das Spiel in immer höhere «Ordnungen» zu erheben, ohne aber im voraus zu wissen, ob nicht neue Regeln unvermutet den Ausblick auf wieder andere, neue Ziele eröffnen werden. Die Neognostiker, von denen es den meisten gelungen ist, sich – im besten Sinne des Wortes – ein kindliches Gemüt zu bewahren, illustrieren diese Erfindung immer neuer Spielregeln durch ein neues Spiel namens «Eleusis», das sich an den Universitäten der amerikanischen Westküste beinahe epidemisch auszubreiten scheint: Einer der Spieler denkt sich irgendwelche Regeln aus, die er zur späteren Überprüfung auf ein Blatt Papier schreibt, vor den anderen aber bis zum Ende des Spiels verborgen hält. Dann legt er seine Karten auf den Tisch, an die seine Spielpartner eine sorgfältig aus ihrem Blatt gewählte Karte anlegen. Nach jeder Runde wird vom Regelerfinder ein Gewinner bestimmt, der alle an dieser Runde ausgespielten Karten erhält. Nach der letzten Runde bewertet der Regelerfinder die Punktezahl jedes einzelnen Spielers nach einem nur ihm bekannten Schlüssel. Derjenige, der als erster die Spielregeln erraten hat, erreicht (meistens!) auch die höchste Punktezahl und hat damit gewonnen. Es ist besonders interessant und lehrreich, festzustellen, dass ziemlich häufig Spieler mit von ihnen selbst erfundenen, von den «offiziellen» Regeln des Spielleiters aber abweichenden Spielregeln gewinnen – das gleiche ereignet sich nämlich auf der Ebene des Geistes im Spiel der Natur: Um einen Fortschritt in der geistigen Evolution zu erzielen, sind die Äonen nicht an «offizielle» Regeln gebunden. (Übrigens sind auch nicht unbedingt die «Offiziellen» unter den Menschen dazu prädestiniert, die geistige Entwicklung am wirksamsten voranzutreiben!)

Aus der neognostischen Weltsicht lässt sich noch eine Konsequenz ableiten: Wenn es keinen Meister gibt, so braucht auch niemand einen Meister zu suchen, und keiner sich als Meister fühlen – Schluss also vor allem mit der Bekehrungswut! Wir sind alle Suchende, niemand weiss den besten Weg, denn niemand kennt das endgültige Ziel: es ist auf *keiner* Stufe der geistigen Entwicklung voraussehbar.

In diesem Zusammenhang muss eines noch besonders hervorgehoben werden: Dass in der neognostischen Weltsicht die zentrale Rolle am geistigen Abenteuer des Universums dem «unermesslichen Volk der Äonen» zugeteilt wird und nicht dem Menschen, darf nicht zu der irrigen Schlussfolgerung verleiten, der Mensch sei unter der Weltherrschaft der Äonen ein geistig total «manipuliertes» Wesen, ohne jede Möglichkeit also, über sein Schicksal selbständig zu entscheiden. Es ist nämlich nicht so, dass mein Geist von Äonen gesteuert wird, sondern *ich selber bestehe aus eben diesen Äonen*. In jedem einzelnen der Äonen, die meinen Körper bilden, ist mein «Ich», das heisst meine individuelle Persönlichkeit, vorhanden. Die neognostische Weltanschauung macht aus dem Menschen also keine hilflose Marionette, sondern versucht ganz im Gegenteil zu zeigen, dass unsere Persönlichkeit in ihrer Einzigartigkeit am gesamten geistigen Abenteuer der Welt direkten Anteil hat; einem Abenteuer, das zugleich mit der Entstehung der Welt begonnen hat und mit ihr zugleich enden wird... wenn das Universum überhaupt eines Tages zu Ende gehen soll.

Was liesse sich vernünftigerweise dagegen einwenden, dass Fortschritte in der Physik nicht allein durch die Analyse der Materie, sondern auch durch die Miteinbeziehung des Geistes in die wissenschaftliche Untersuchung erzielt werde. Da, wo die physikalische Forschung sich dem Kleinsten oder dem Grössten zuwendet, den geheimnisvollen Teilchen, die die Grundbausteine der Materie bilden, oder dem Universum als ganzem, da hat mehr denn je das Wort des Hl. Augustinus Gültigkeit: «Die Welt ist so beschaffen, dass sie uns aus unsichtbaren Dingen beschaffen zu sein scheint». Und auch Teilhard de Chardin bemerkte, dass die Physiker, am Endpunkt ihrer Untersuchungen angelangt, nicht recht wüssten, ob die Struktur, die sie gefunden haben, das Wesen der von ihnen untersuchten Materie darstellt oder nur die Spiegelung ihres eigenen Denkens.

Erscheint es daher nicht offensichtlich, dass die Erforschung des Geistes von jener der Materie nicht zu trennen ist – angesichts der Tatsache, dass jede mögliche Beschreibung der Materie unweigerlich auf die strukturellen Mechanismen unseres Geistes basiert?

Die Bedeutung des Geistes bei der Untersuchung physikalischer Phänomene im Kosmos wurde übrigens von der Antike bis zum Ende des 17. Jahrhunderts niemals in Zweifel gezogen. Zum Beweis dafür genügt es, sich daran zu erinnern, was Descartes in seinen «Meditationen» schreibt: «So gleicht denn die gesamte Philosophie einem Baum, dessen Wurzeln die Metaphysik, dessen Stamm die Physik und dessen aus diesem Stamm hervorwachsenden Äste alle anderen Wissenschaften bilden.» Und Newton, den man zum Prototyp des «Wissenschaftlers», das heisst des ausschliesslich mit gesicherten, beobachtbaren Fakten arbeitenden Gelehrten stempeln wollte, war in Wirklichkeit (wie einige sehr schöne Studien über Newton gezeigt haben) sein ganzes Leben hindurch sehr stark auf Probleme des Geistes ausgerichtet: er hat über Alchimie und über das, was man heute als Parapsychologie bezeichnen würde, mehr geschrieben als über Optik und Gravitation.

Die physikalischen Arbeiten von Jean E. Charon über Elementarteilchen haben gezeigt, dass einige dieser Teilchen einen Raum und eine Zeit des Geistes einschliessen, die parallel zu dem Raum und der Zeit existieren, mit Hilfe derer die Physik seit Aristoteles Wesen und Evolution der Materie zu beschreiben versucht. Während wir bisher gewohnt waren, ein «einfaches» Raum-Zeit-Gefüge anzunehmen, stellt sich nun heraus, dass dieses Raum-Zeit-Gefüge «doppelt» ist: neben der traditionellen Raum-Zeit der Materie gibt es noch eine Raum-Zeit des Geistes, die eine Doppelseitigkeit aller Dimensionen bewirkt.

Es gilt heute zu erkennen, dass Zeit und Raum nicht «einfacher», sondern «komplexer» Natur sind. Dieses Raum-Zeit-Gefüge ist zerlegbar in zwei nebeneinander bestehende Grössen: die Raum-Zeit der Materie und die Raum-Zeit des Geistes. Dass die Raum-Zeit des Geistes der Aufmerksamkeit der Physiker bisher entgangen ist, liegt daran, dass man sie erst *im Innern* gewisser winziger Elementarteilchen der Materie entdeckte.

Ihrer physikalischen Definition nach *sind die geisttragenden Partikel stabil*, ihre Lebenszeit ist also (aussergewöhnliche «Unfälle», die zu ihrem vorzeitigem Zerfall führen können, ausgenommen) identisch mit der des Universums. Dieser Umstand ist vor allem seiner physikalischen Implikationen wegen von grösster Bedeutung. Wenn diese Teilchen nämlich einerseits einen Raum einschliessen, dessen Informationsgehalt niemals verloren gehen kann – da die Negentropie des geistigen Raumes im Laufe ihrer Entwicklung stetigem Wachstum unterworfen ist –, und andererseits die Lebenszeit dieser Teilchen so gut wie «ewig» ist, so führt uns das zu dem Schluss, dass alle Informationen, die wir im Zuge eines Menschenlebens in jene Partikel investiert haben, aus denen unser irdischer Körper zusammengesetzt ist, über unseren körperlichen Tod hinaus, also in alle Ewigkeit weiterbestehen werden. Wenn wir uns darauf einigen, Gott als Prinzip der Ewigkeit zu bezeichnen, so erlaubt uns das eben Erwähnte zu folgern, dass Gott, der als geistiges Wesen der Ewigkeit angehört, «existiert», und weiter, dass jeder von uns «konsubstantiell» mit Gott ist.

Aus diesen Ausführungen ergeben sich jedoch noch weitere, «metaphysisch» ebenso fundamentale Konsequenzen. Da unser Körper ja aus Elementarteilchen aufgebaut ist, die, da sie ja ewig leben, «seit Anbeginn der Welt» existieren, so wurzelt unser eigener Geist tatsächlich in der gesamten Geschichte der Welt. Der Geist, den wir als den «unseren» bezeichnen, hat das ganze Abenteuer des Universums miterlebt, jeder von uns besitzt ein «Ich», das vom Anbeginn bis zum Ende der Zeiten besteht.

Die Studien auf dem Gebiet der theoretischen Physik über die Raum-Zeit des Geistes könnten zu der irrigen Vorstellung verleiten, das Phänomen, das wir unsere Person oder unseren Geist nennen, sei auf die Milliarden von Teilchen, aus denen sich unser Körper zusammensetzt, aufgeteilt, «verstreut». Dies war in etwa die These Pierre Teilhard de Chardins. Die

Forschungen Charons im Bereich der Elementarteilchenphysik haben jedoch aufgezeigt, dass diese Interpretation unlogisch und wenig plausibel ist. Es scheint vielmehr so zu sein, dass jedes der Teilchen, die unseren Körper bilden, für sich allein schon *die Gesamtheit* jener Informationen besitzt, deren Inhalt alle Charakteristika «unseres» Geistes, unserer Persönlichkeit, unseres «Ichs» – oder wie immer wir es nennen wollen – bestimmt. Auf der Ebene des Geistes finden wir somit genau das wieder, was die Biologen auf experimentellem Weg für die genetische Information beweisen konnten. Bekanntlich enthält jede Körperzelle eines Organismus die gleichen Chromosomen, egal, an welcher Stelle des Körpers sie sich befindet. Für die moderne Biologie scheint es unbezweifelhaft festzustehen, dass diese Chromosomen den grössten Teil jener Informationen enthalten, die sich in der Konstitution und im Verhalten lebender und denkender Wesen manifestiert.

Die Arbeiten Charons aber scheinen gezeigt zu haben, dass man noch weiter gehen muss, und zwar bis zur Ebene der Elementarteilchen hinunter, jener wahrhaft elementaren (das heisst: nicht mehr zerlegbaren) Teilchen, mit denen sich die moderne Physik beschäftigt. Es wären demnach nicht die Chromosomen, sondern jede einzelne der physikalischen Partikel, aus denen diese bestehen, Träger der Gesamtinformation des betreffenden Individuums. Es ist sogar möglich (ja wahrscheinlich), dass diese Gesamtinformation auch in all jenen Elementarteilchen enthalten ist, aus denen sich die übrigen Teile der Zelle (wie Kern, Zytoplasma der Zellmembran) zusammensetzen, und nicht nur in denen der Chromosomen selbst.

Das heisst natürlich nicht, dass ein solches Partikelchen unseres Körpers sich hinsichtlich des Informationsgehalts in nichts von seinem Nachbarn unterscheidet. Tatsächlich hat, wie erwähnt, jedes einzelne Teilchen eine «Geschichte», die bis zu den Anfängen des Universums zurückreicht; daraus folgt, dass jedes Teilchen andere Erfahrungen durchlebt hat als das Nachbarteilchen, bevor sie beide in die komplexe Struktur dieses besonderen Organismus eingingen.

Diese Ausführungen, die nur eine kurze Zusammenfassung

von Charons «Der Geist der Materie» darstellen, sind auch durch eine rein wissenschaftliche Arbeit desselben Verfassers belegt, die unter dem Titel *Théorie de la Relativité Complexe* erschienen ist.

Um auf unser Grundthema *Polarität* zurückzukommen, sei folgendes zusammengefasst: Dem Geist stehen neben den vier materieabhängigen Möglichkeiten der Wechselwirkung (starke, schwache, elektromagnetische und gravitative Wechselwirkung) noch vier «psychische» Möglichkeiten der Wechselwirkung (Reflexion, Tat, Erkenntnis und Liebe) zur Verfügung. Die vier erstgenannten stehen unter dem Gesetz nichtabnehmender Entropie, die vier letztgenannten unter dem Gesetz nichtabnehmender Negentropie. Das Abenteuer dieser Welt ist also auf ein *Zusammenspiel von Ordnung und Unordnung* gegründet, die eines ohne das andere nicht existieren können.

Es ist unmöglich, die auffallende Analogiebeziehung zwischen der Beschreibung der ersten Erschaffung des Geistigen in dieser Theorie und dem, was die Menschheit zu allen Zeiten über diesen ersten Schöpfungsakt erraten und bildhaft ausgedrückt hat, zu übersehen. Ob es nun Adam und Eva, Yin und Yang oder das Positive und das Negative genannt wird – es sind alles Ausdrucksformen für ein und dasselbe, aus ewigen Wurzeln emporsteigende «Erinnerung» an ein Paar aus zwei komplementären Einheiten, die die ersten Träger des Geistes waren und mit denen das gesamte geistige Abenteuer unseres Universums seinen Anfang nahm. Zwei Einheiten, die, wie hier entdeckt wurde, nichts anderes waren als die beiden ersten Elektronen, das erste «geistige» Paar, bestehend aus einem negativen Elektron und einem posiviten Positron.

Der griechische Philosoph Parmenides stellte schon vor zweieinhalb Jahrtausenden fest, dass «nichts gedacht werden kann, was nicht existiert oder existieren könnte».

Ähnliche Vorstellungen wie Charon und die Neognostiker haben eine Reihe anderer Autoren vorgestellt. So schreibt z. B. Max Reutti, Berlin, unter dem Titel «Ein Aspekt der Seele» («esotera» 4/83, S. 291) folgendes: «Der Mensch ist ein Wesen mit einer Seele, er ist aber zusammengesetzt aus Billionen von Atomen, von denen jedes wieder eine Seele hat, und diese

Atom-Seelen schliessen sich zusammen zu Zell-, Organ- usw.-Seelen, die dann schliesslich die Menschenseele bilden.» Während also Reutti nur bis zu den Atomen hinuntergeht, ist Charon noch weiter gegangen bis zu den Elementarteilchen.

Der Forscher und Schriftsteller Robert Charroux hat in seinem Buch *Das Rätsel der Anden* (Düsseldorf und Wien 1978) ein Kapitel mit dem Titel «Intelligenz und Intuition des Atoms» verfasst, in dem es u. a. heisst: «... Ausserdem deuteten andere Experimente, die mit einzelnen abgelösten Blättern, ja mit Bruchstücke von Blättern durchgeführt wurden, darauf hin, dass Empfindung, Gefühl, kurzum die sensorischen Fähigkeiten nicht an einen intakten Organismus gebunden sind, sondern auf der Ebene des Lebens selbst auftreten. Alles besitzt Empfindsamkeit, Seele, unabhängig von der organisierten Art, eingeschlossen in seine Identität, in seine innerste Substanz:» Und an anderer Stelle lesen wir dort: «Aus alledem schloss der Zytologe Miller, dass alles, was existiert, auch lebendig ist und noch in seinen innersten Elementen eine eine Art Bewusstsein besitzt, dass alles, mag es auch offensichtlich abgespalten und zerteilt sein, eine Art Ganzheit darstellt, die sich auf allen Ebenen gleichbleibt.»

Die Grundstruktur des neuen Paradigmas, des allgemeinen Weltbildes für das dritte Jahrtausend neuer Zeitrechnung, zeichnet sich bereits ab. Die Revolution ist in vollem Gange und es ist schon abzusehen, in welche Richtung sie sich bewegt. Abgelöst sind in der Physik längst: die dreidimensionale Räumlichkeit, der klassische Begriff der Zeit, die dualistische Logik, die lineare Kausalität und eine mechanisch-reduktionistische Betrachtungsweise der Welt.

Ersetzt sind sie durch: das 4–6 dimensionale Raumzeitkontinuum, die kybernetisch-holistische Logik, zyklische Kausalität und eine dynamisch-dialektische ganzheitliche Betrachtungsweise. Nicht mehr besteht diese Welt aus festen Bausteinen, die mechanistisch miteinander verbunden sind und nach mechanistischen «Naturgesetzen» funktionieren, sondern da sind nur noch mengenmathematisch bestimmte Wellenpakete, unbegrenzt wechselseitig verknüpft und in ständiger prozessualer Umformung begriffen, die nur aus einer begrenzten Wahrnehmung als solid und greifbar erscheinen, da sie nicht starren Gesetzen, sondern Wahrscheinlichkeitsregeln gehorchen.

In der «neuen Kosmologie» sind sämtliche Ereignisse im gesamten Weltall wechselseitig miteinander verknüpft, und für die Untrennbarkeit der Doppelnatur Geist – Materie gibt es kaum ein besseres Bild als die Holographie: Ein Hochzeitspaar lässt sich holographisch ablichten; ein Laser tastet die beiden ab und überträgt ihr Bild auf eine holographische Folie, von der es per Laser wieder projiziert werden kann, und zwar räumlich, also dreidimensional. Lassen die beiden sich später scheiden, und will nun jeder seine Hälfte aus dem Hologramm herausschneiden, dann werden sie dies vergeblich versuchen. Da nämlich in jedem Punkt der Holofolie das ganze Bild gespeichert ist, wird jede Projektion wieder das Paar ergeben und keinen der beiden einzeln! Und genauso ist unser Gehirn strukturiert, wie der Neuropsychologe Karl H. Pribram von der Stanford-Universität, USA, vermutet, der – in Anlehnung an John Eccles – ausserdem feststellen musste, dass dieses Gehirn nicht die Quelle des Bewusstseins sein kann. Seine Funktionen sind nämlich nichtmechanischer Art, die sich nur erklären lassen, wenn man für das Bewusstsein eine nichtmaterielle, also geistige Natur annimmt – wie etwa der Computer nur das Werkzeug abgibt, das vom Programmierer bedient werden muss – wobei allerdings der Programmierer ohne den Computer und der Computer ohne den Programmierer die gestellten Aufgaben nicht lösen kann.

Materie und Geist sind, wie Otthinrich Müller-Ramelsloh (in den Sokratischen Heften Nr. 25) erklärte, als Geistenergie eine untrennbare Komplexität. Vollziehende Geistenergie wird zum Ausrichter im Naturprozess. Aus Trieben erwächst zwar das Denken, aber das Denken lenkt auch die Triebe. Die Freiheit des Subjekts führt laufend Spontaneitäten herbei. Infolgedessen ist auch die Zukunft niemals berechenbar.

Und Erich Wunderli weist darauf hin, dass sich nichts Intelligentes ohne Intelligenz oder etwas Planmässiges ohne Plan bilden kann, und weil jedes Atom oder Molekül eine zweckmässige, also nicht planlose Organisation verkörpert, ist seine Entstehung ohne Intelligenz, ohne Geist unmöglich. Der

Anfang von allem Zweckmässigem ist somit der Gedanke. Ferner müssen wir festhalten, dass, wenn sich ein Geistbild, das heisst ein Gedanke, verwirklicht, er dies nicht ohne Energie tun kann. Dem Geist oder dem Gedanken wohnt daher mit Bestimmtheit eine Kraft inne, die das schaffen kann, was im Kosmos geschaffen worden ist. Es folgt demnach, dass Materie langsam durch Geist – der eine untrennbare Einheit von Intelligenz und Energie darstellt – aus Geist aufgebaut wurde. Kann sich aber Geist materialisieren, das heisst zu dem verdichten, was uns die Vorstellung des Materiellen gibt, dann ist Materie eben verdichteter Geist! «Der Strom der Erkenntnis», schrieb Sir James Jeans in seinem Werk «The Mysterious Universe» (Das geheimnisvolle Universum) «bewegt sich auf eine nichtmechanische Wirklichkeit zu. Das Universum mutet immer mehr wie ein grosser Gedanke, und nicht mehr wie ein grosser Mechanismus an.»

Geist und Materie sind nichts anderes als die beiden Pole oder Offenbarungen des ewigen Unergründlichen, das die Quelle alles Daseins ist und als Gott bezeichnet wird. In dem Augenblick, in dem sich das Absolute eine Form schafft, entsteht die Polarität.

Polarität in der Kosmologie

Das Absolute und die Erscheinungswelt

Das Absolute ist:

1. Realität
2. Reine Einheit
3. Bezugslos
4. Unbegrenzt
5. Ausserhalb von Zeit und Raum
6. Bewegungslos, unveränderlich

Die Welt ist:

1. Illusion der Erscheinung*
2. Vielzahl
3. Sphäre der Beziehungen
4. Sphäre der Endlichkeit
5. In Zeit und Raum befindlich
6. Immerwährender Wandel **

Nach den vedischen Schriften Indiens ist das physische Weltall einem grundlegenden Gesetz – «Maya», auch Polaritäts- und Relativitätsprinzip genannt – unterworfen. Paramahansa Yogananda sagte dazu in seiner Autobiographie: «Gott, das Einzige Leben, ist absolute Einheit. Um aber als verschiedenartige und voneinander getrennte Formen der Schöpfung in Erscheinung treten zu können, muss Er sich mit einem unwirklichen und trügerischen Schleier umgeben. Dieser illusorische,

* Seitdem nun auch die physikalische Forschung bestätigt hat, dass es eigentlich keine festen Körper gibt, weil selbst das Atom, aus dem alle Körper zusammengesetzt sind, nur aus Energieschwingungen besteht, erkennen wir, dass alles nur Energie ist, entsprechend dem Einsteinschen Lehrsatz $E = mc^2$
** Nach Einstein ist unsere gewohnte Welt ein vierdimensionales zeiträumliches Kontinuum.

polare Schleier ist «Maya», die kosmische Täuschung. Eine Anzahl grosser wissenschaftlicher Entdeckungen der Neuzeit bestätigen diese einfache Erklärung der alten Rischis.»

Newtons Bewegungsgesetz ist nach Paramahansa Yogananda ein Gestz der «Maya»: «Jede Kraft erzeugt eine Gegenkraft, die . . . gleich gross und entgegengesetzt gerichtet ist; die beiden Kräfte, die zwei Körper gegenseitig aufeinander ausüben . . . sind gleich gross und entgegengesetzt gerichtet.» Bewegung und Gegenbewegung entsprechen sich daher genau. «Eine einzelne Kraft gibt es nicht. Alle Kräfte erscheinen paarweise als gleich grosse und entgegengesetzt gerichtete Kräfte.»

Paramahansa Yogananda weist darauf hin, dass alle in der Natur wirkenden Kräfte ihren «mayischen» Ursprung verraten. So ist z. B. die Elektrizität ein Vorgang der Abstossung und Anziehung; denn die Elektronen und Protonen sind entgegengesetzte elektrische Pole. Die ganze Welt der Erscheinungen steht unter der unabänderlichen Gewalt der Polarität. Es gibt kein physikalisches, chemisches oder anderes wissenschaftliches Gesetz, das nicht vom Prinzip der Gegensätzlichkeit beherrscht würde.

Es folgert daraus, dass die Physik keine Gesetze ausserhalb der «Maya», der eigentlichen Substanz und Struktur des Universums, formulieren kann. Denn die Natur selbst ist «Maya», und die Naturwissenschaften müssen sich wohl oder übel mit dieser unbestreitbaren Tatsache abfinden. In ihrem eigenen Bereich ist die Natur ewig und unerschöpflich, und auch die Wissenschaftler der Zukunft können nicht mehr tun, als nach und nach ihre mannigfaltigen Ausdrucksformen zu erforschen. Somit *befindet sich die Wissenschaft beständig im Fluss, ohne je das Endziel zu erreichen*; das heisst sie ist zweifellos in der Lage, die Gesetze eines bereits existierenden und funktionierenden Kosmos zu entdecken, aber sie ist machtlos, wenn es darum geht, den Gesetzgeber und alleinigen Urheber zu ermitteln. Die erstaunlichen Wirkungen der Schwerkraft und der Elektrizität sind bekannt geworden; aber was Schwerkraft und Elektrizität wirklich sind, hat noch kein Sterblicher ergründet.

Den Schleier der «Maya» zu entfernen, bedeutet, die Geheimnisse der Schöpfung aufzudecken. Nur wer das Universum auf diese Weise entschleiert hat, ist ein wahrer Monotheist. Solange der Mensch noch den polaren Täuschungen der Natur unterliegt, ist die doppelköpfige Maya seine Göttin, und der wahre Gott bleibt ihm verborgen. Die Folgerung: der Stoff, aus dem die Welt besteht, ist Geiststoff!

Sir James Jeans schrieb in seinem Werk *The Myterious Universe* (= Das geheimnisvolle Universum): «Der Strom der Erkenntnisse bewegt sich auf eine nichtmechanische Wirklichkeit zu. Das Universum mutet immer mehr wie ein grosser Gedanke, und nicht mehr wie ein grosser Mechanismus an.»

Die polare Lehre des Fo-Hi,
des Zivilisators von China

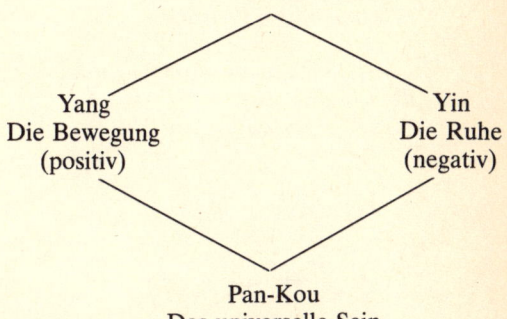

Tai-Ki
Das Absolute,
die erste bewegende Ursache;
von ihr:

Yang
Die Bewegung
(positiv)

Yin
Die Ruhe
(negativ)

Pan-Kou
Das universelle Sein

Nach Fo-Hi sind die beiden Mittelprinzipien Yin = Ruhe und Yang = Bewegung von einem einzigen Oberprinzip namens Tai-Ki = erste bewegende Ursache ausgegangen. Aus der gegenseitigen Einwirkung der beiden Prinzipien Yin und Yang entsteht als Drittes das Bindeprinzip Pan-Kou = universelles Sein.

Die polare Lehre des Zarathustra,
des ersten Zoroaster des Iran:

Wodh
oder die absolute Ewigkeit;
von ihr gehen aus:

Ofmuzd	Arhiman
(positiv)	(negativ)
wirkt als Prinzip des Guten	wirkt als Prinzip des Bösen
im Geiste. Er ist der Genius	in der Materie. Genius der
des Lichts. Die Vorsehung.	Finsternis. Das Schicksal.

Mithra
Erste Sekundärsynthese.
Der menschliche Wille.

Die kosmische Polarität

*Versuch einer Darstellung nach Ausführungen des
Mystikers Jakob Böhme (1575–1624)*

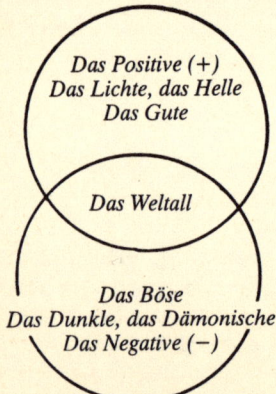

*Das Positive (+)
Das Lichte, das Helle
Das Gute*

Das Weltall

*Das Böse
Das Dunkle, das Dämonische
Das Negative (−)*

Der grosse Kreis (nach Jakob Böhme als die Göttliche Allmacht bezeichnet) umfasst auch die beiden gegensätzlichen Wirklichkeiten: das Positive, das Lichte, gute wie auch das Negative, das Dämonische, Böse. *Die beiden kleinen Kreise* stellen das Positive (auch das Lichte, Gute) und das Negative (auch das Dämonische, Dunkle) dar. *Das linsenförmige Überschneidungsfeld* ist das materielle Weltall mit seinen Galaxien (= Milchstrassensystemen), Sonnensystemen und damit auch der Erde.

Wenn man den Kosmos als mehr versteht als das materielle Weltall, dann findet man auch im aussermateriellen Bereich die Polarität, die sich darstellt als das Positive, worunter auch das Lichte, das Helle, das Gute zu verstehen ist, wie auch das Negative, worunter auch das Dämonische oder auch das Böse fällt.

Der materielle Bereich des Weltalls setzt sich, wie die Ergebnisse der modernen Physik zeigen, aus positiven und negativen Elementarteilchen zusammen. Die Elementarteilchen, die man auch als Elergiequanten bezeichnen kann, bilden die Materie, die uns umgibt und aus der wir selbst auch bestehen.

Ausser unserem aus Materie bestehenden Teil des Weltalls, so behaupten verschiedene Physiker – und versuchten es nachzuweisen – gibt es auch einen Bereich, der aus *Anti*materie bestehen muss. (Vergl. Wendt *Urpotenz und Stufen zur Materie*, Lübeck 1979.) Besonders die schwedischen Physiker Oskar Klein und Hannes Alfvén sind in ihren Veröffentlichungen für diese These eingetreten.

Die Edda und die kosmische Polarität

In der nordischen Sprache der Edda ist Allvater = alfothur und bedeutet Allzeuger, ist also nicht Wotan in der üblichen Vorstellung und nach den sonstigen Zeugnissen der Edda. Hier ist meist Wotan ein Göttervater mit allen Schwächen und Stärken, der schliesslich unterliegt mit seinen Asen an der Weltschuld, die er selbst heraufbeschwört. Es muss also ein anderer Allvater sein, ein Allzeuger, und tatsächlich unterrichtet uns auch die Edda im «Blendwerk der Götter» (Gylfaginning), von «göttlichen Gewalten, denen die Asen opferten», also die «Götter» noch höheren Mächten!

Es wird damit also klar ausgedrückt, dass der Zwölferkreis der Asen, unter ihnen Wotan als der Dreizehnte, unter einer höheren göttlichen Gewalt stand. Es war der himmlische zwölfteilige Tier-, eigentlich Tyr = Drehkreis, als eine Offenbarung des Allzeigers. Die Götter, die Asen, sind lediglich Bilder, Abbilder dieser höheren Allgewalt, die sie «alfothur» = Allzeuger nannten. Von diesem Allvater wird auch nach derselben Quelle ausgesagt, dass er bei den «Eisriesen» war, den Joten, «bevor noch Himmel und Erde war». Dieser Allvater-Allzeuger ist das geistige Prinzip in der Schöpfung. Mit den Eisriesen sind die Elemente gemeint, der Urstoff, die Materie, die mater, matter (engl.) = Stoff. Die Joten, auch Thursen genannt, was Esser und Dürster bedeutet, sind hier und überall in der Edda das Ungeistige, der ewige Stoffwechsel, der ewige Wechsel des Stoffes innerhalb eines Ur-Elements, unter dem Antrieb des Geistigen.

Die Erkenntnis, dass das Leben aus einer Polarität besteht und entsteht, aus dem Gegensatz, war augenscheinlich den alten Germanen ungleich wacher im Bewusstsein als uns heute. Sie wussten: Vor der Erde bestand nichts, ausser «Nebelheim» und «Flammenheim», was lediglich zwei Zustände bedeutet, nämlich Kälte und Wärme, aus denen sie die Welt, das Leben entstehen lassen. Das ist eine durchaus moderne Vorstellung. So finden wir die Kenntnisse der Alten in erstaunlicher Vollendung vor, zu denen wir keine Verstandes-Wege und -Schlüsse entdecken können und darum falsch schliessen, als lägen hier «zufällige» Ahnungen vor. Gewiss spielt auch die Ahnung, d. h. das denkerische Ergebnis der Ahnenreihe, von der Zelle an eine Rolle, denn wir sind seit Urzeiten in die Entwicklungslinie eingespannt. Alles Einzelwissen wird uns niemals den Mythos, die Urschau ersetzen können, so wenig wie ein Haufen Backsteine sich von selbst zu einem kunstvollen Bau zusammenfügt.

Ymir heisst in der Edda der Riese, aus denen die Asen sich die Erde erbauen. Ymir kann man mit «Immer» übersetzen.

Ymir ernährt sich von der Weltkuh Audumbla, was Überfluss aussagen soll. Es ist ein Sinnbild der unerschöpflichen Natur, der all-ernährenden Mutter.

Audumbla leckt das «Salz» aus den «Eisblöcken», leckt das Leben hervor. Aus dem «Salz der Erde» entsteht das Geistige, das menschlich zur Vollendung Strebende. Dieses göttlich Geistige, verbunden mit dem Riesischen, der Materie, dem Stofflichen, belebt immer wieder den Kampf zwischen Wärme und Kälte, zwischen Gut und Böse, zwischen den Positiven und Negativen, zwischen Licht und Dunkelheit.

Es wird jedem Einsichtigen klar, dass all diese Bilder tiefe Deutungen und Bedeutungen sind einer göttlichen Urmacht, die eine Einheit ist.

Die explizite und die implizite Ordnung

Der Physiker David Bohm, ein Schüler Albert Einsteins, sieht – von der Quantenmechanik herkommend – die Welt in eine explizite und eine implizite Ordnung, sozusagen in verschiedene ineinander verwobene Wirklichkeiten gegliedert. Die explizite Ordnung wäre dabei die der äusseren Erscheinungen, die implizite die der inneren Strukturen dieser Erscheinungen. Jenseits dieser Erscheinungen gibt es so etwas wie einen gemeinsamen, transzendenten, aber physikalisch integrierbaren Urgrund, der dem Gottesbild verschiedener spiritueller Taditionen zum Verwechseln ähnlich scheint. In dieser vielschichtigen Welt besteht keine objektive Distanz mehr zwischen dem, der einen Vorgang beobachtet und dem Vorgang selbst. Beide sind Teil eines Ganzen, und die Aufspaltung, die «Fragmentierung» – wie Bohm sich ausdrückt – unserer inneren und äusseren Welt erfolgt vor allem durch unsere eigenen Gedanken, die unsere sogenannte objektive Wirklichkeit gestalten. Es ist also unser Denken, was uns von der lebendigen Erfahrung des spirituellen Urgrundes allen Seins trennt.

Die grundlegende Vorstellung Bohms ist die, dass der Welt der Erfahrung, der entfalteten Phänomenologie, eine implizite Ordnung sozusagen eingefaltet zugrundeliegt. Diese implizite

Ordnung bewegt sich nicht innerhalb von Zeit und Raum. Erst die Entfaltung dieser impliziten Ordnung schafft das Universum wie auch die Komponenten von Zeit und Raum. Er leitet diese Weltsicht aus der modernen Quantentheorie ab und behauptet, dass vieles in der modernen Physik diese Anschauung unterstützt. Diese Weltschau hat sowohl Parallelen mit europäisch-spirituellen Traditionen wie der Platonischen als auch mit fernöstlichen.

Holon und der doppelköpfige Janus

Der verstorbene Schriftsteller und Philosoph Arthur Koestler hatte den Begriff «Holon» geprägt, um etwas zu beschreiben, *das in sich ganz ist*, dennoch *aber auch ein Teil eines grösseren Ganzen*. Er verglich das Holon mit dem doppelköpfigen Gott Janus und fand Beispiele dafür in jedem Stadium sowohl der biologischen als auch der psychologischen Entwicklung des Menschen und der Schöpfung.

«Die Spirale», so schrieb er, «hat viele Windungen vom Urschleim aufwärts, aber an jeder Windung sind wir mit derselben *Polarität* konfrontiert, denselben janusköpfigen Holons, deren eines Gesicht sagt, ich bin die Mitte der Welt, und deren anderes sagt, ich bin ein Teil auf der Suche nach dem Ganzen.» Vergl. Arthur Koestler *Die Wurzeln des Zufalls*, 1972.

Physik – Metaphysik

Das einstige Bild vom universellen Wissenschaftler gibt es nicht mehr. Ständig bilden sich neue Wissenschaftsgebiete heraus, z. B. Weltraumfahrt, Informatik, Kybernetik, Dokumentationswesen, Kernphysik, Futurologie u. a. Der Wissenschaftler wird durch den – nur einen sehr engen Spezialbereich verstehenden – Fachmann verdrängt.

Auch eine Veränderung der Grundwerte unseres Denkens und unserer Weltsicht bahnt sich allmählich an. Beispiele:

Bücher *Wendezeit* von Fritjof Capra und *Wiederverzauberung der Welt* von Morris Berman.

Wir bemerken auch das Symptom einer sich wandelnden Religiosität, einer Metamorphose der Religion. Beispiel Bücher von Prof. Dr. Hubertus Mynarek *Eros und Klerus* und *Zwischen Gott und Genossen*.

Im Zuge des vielzitierten Paradigmenwechsels, der sich derzeit vollzieht, wird der neue Begriff «Numinologie» sicher künftig eine Rolle spielen; der Begriff bedeutet soviel wie «Wissenschaft vom Göttlichen als wirkende Kraft».

Mit der «Auflösung» der Materie in ihrem elementaren Bereich begann nämlich der Einzug einer wieder mehr geistig orientierten Betrachtungsweise: Planck, Einstein, Heisenberg, Bohr, Born und andere «Väter» der modernen Physik lassen sich mühelos zitieren mit Aussagen, die man bis dato mehr bei den Philosophen und Theologen erwartet hätte. Carl Friedrich von Weizsäcker führte die Praxis der Meditation ins physikalische Denken ein, und sogar die jüngeren Pioniere der Zunft suchen ihre Entdeckungen in Bereichen, die bis vor kurzem noch zur Mystik gerechnet worden wären, bei asiatischen Weisen zum Beispiel.

David Bohm, Evan Harris Walker, Elizsabeth Rauscher, Fritjof Capra, Brian Josphson, Jack Sarfatti, Burkhard Heim und andere arbeiten darüber hinaus mit Erscheinungen des Numinosen – und zwar erzwungenermassen aufgrund physikalischer Forschungsergebnisse. Da kommen sie nicht umhin, «einfachen» Elektronen Eigenschaften zuzubilligen, die sonst nur in der Parapsychologie vorkommen. So wundert es auch nicht, dass auf den jährlichen Kongressen für Parawissenschaften die Physiker in der Überzahl sind.

In der «neuen Kosmologie» sind sämtliche Ereignisse im gesamten Weltall wechselweitig miteinander verknüpft, und für die Untrennbarkeit Geist/Materie gibt es kaum ein besseres Bild als das der bereits erwähnten Holographie. Da nämlich in jedem Punkt der Holofolie das ganze Bild gespeichert ist, wird jede Projektion wieder das ganze Bild ergeben und nie nur einen Teil davon! Und genau so ist unser Gehirn strukturiert, wie der Neuropsychologe Karl H. Pribram vermutet, der – in

Anlehnung an John Eccles – ausserdem feststellen musste, dass dieses Gehirn nicht die Quelle des Bewusstseins sein kann. Seine Funktionen sind nämlich nichtmechanischer Art, die sich nur erklären lassen, wenn man für das Bewusstsein eine nichtmaterielle, also geistige Natur annimmt – wie etwa der Computer nur das Werkzeug abgibt, das von einem Programmierer bedient werden muss – wobei allerdings der Programmierer ohne den Computer und der Computer ohne den Programmierer die gestellten Aufgaben nicht lösen kann.

Gleichzeitig von oben und unten, von der Spitzenforschung und der Basis her strömen die Kräfte der Erneuerung, denen die massive Trägheit des Mittelmasses auf die Dauer nicht wird standhalten können. Fast auf der ganzen Welt ist dieser Proezss zu beobachten.

Der chilenische Biologe Prof. Dr. Francisco Varela erklärte: Die Geschichte der Wissenschaft zeige, dass alle grossen Wissenschaftler einen Bezug zum Geheimnisvollen, zum Mysterium hatten. Einstein sei eines der bekanntesten Beispiele – und er wird in diesem Zusammenhang oft zitiert mit seinem Ausspruch: «Wer die Tiefe des Mysteriums nicht versteht, wird nie ein Wissenschaftler sein.» Wissenschaft ist nach Varela auch Ehrfurcht und gespannte Erwartung beim Weiterforschen.

So hinterlässt z. B. nach der Theorie des Biochemikers Rupert Sheldrake selbst jeder Gedanke einen «Eindruck» auf einem unsichtbaren, für das Verhalten und die Form des Menschen zuständigen «Feld» und kann dadurch von anderen Menschen leichter aufgegriffen werden, als wenn dieser Gedanke noch nie gedacht worden wäre. Diese Theorie deckt sich auch mit der indischen Philosophie und deren Begriff der «Akasha-Chronik». In diesem grossartigen Universum bleibt danach absolut nichts unberücksichtigt!

Literatur

Bühler, Walter, *Der Leib als Instrument der Seele in Gesundheit und Krankheit*, Stuttgart

Capra, Fritjof, *Der Kosmische Reigen*, Bern und München 1982 *Wendezeit – Bausteine für ein neues Weltbild*, Bern und München 1983

Charon, Jean E., *Der Geist der Materie*, Wien und Hamburg 1979

Charroux, Robert, *Das Rätsel der Anden*, Düsseldorf und Wien 1978

Detzel, W., *Die Oekonomität als polare Struktur des Betriebes*, Beitrag in «Der Unternehmensberater», Mannheim 1983

Dörre, Hilde-Marie, *Männliche und weibliche Prinzipien in polarer Sicht*, Sokratische Hefte Nr. 18, Mannheim 1981

Eccles und Zeier, *Gehirn und Geist*, München 1980

Gallusser, Werner A., *Die Kulturlandschaft als Ausdruck polarer Gestaltungsethik und Ansatz zu einer Landethik*, Sokratische Hefte Nr. 20, Mannheim 1981

Humboldt-Gesellschaft für Wissenschaft, Kunst und Bildung, *Polarität als Weltgesetz und Lebensprinzip*, Mannheim 1974

Klein, Agnes und Reinhold, *Das Nichtwissen des Sokrates und der goldene Esel von Apuleius*, Sokratische Hefte Nr. 24, Mannheim 1983

Koestler, Arthur, *Die Wurzeln des Zufalls*, 1972

Köhne, Otto, *Polarität, Einführung in die Polaritätstheorie*, Mannheim 1981, *Die Einführung des Begriffs der Polarität in den einzelnen wissenschaftlichen Disziplinen*, Sokratische Hefte Nr. 21, Mannheim 1983

Mynarek, Hubertus, *Eros und Klerus Zwischen Gott und Genossen*

v. d. Osten-Sacken, *Schöpfung aus dem Nichts*, Düsseldorf und Wien 1981

Rawson, Philip und Legeza, Laszlo, *Tao, die Philosophie von Sein und Werden*, München

Riefstahl, Hermann, *Existenzialität als Kulturprinzip*, Mannheim 1980

Rifkin, Jeremy, *Entropie*, Hamburg 1982

Roszak, Theodore, *Das unvollendete Tier*, München 1982

Schad, Wolfgang, *Rhythmen in der Natur und im Menschen*, Weleda-Nachrichten, Heft 152

Schönberger, Martin M., *Von der Sexualität zur Polarität – Das verlorene und wiedergefundene Paradies*,

Schuré, *Die Priesterin der Isis*, Interlaken

Thoms, Walter, *Goethes Polarität und Steigerung, die beiden Triebräder der Natur als Gesetze der Ökonomie in derUnternehmung*, 1972, *Das multipolare Menschenbild und die multipolare Struktur der Unternehmung*, 1978

Wendt, Victor K., *Urpotenz und Stufen zur Materie*, Lübeck 1979

Wunderli, Erich, *Die geistige Wirklichkeit*, Schopfheim 1977

Victor K. Wendt wurde 1905 in Westpreussen geboren. Nach einer kaufmännischen Lehre studierte er Sprachen und Wirtschaftswissenschaften. Neben seiner kaufmännischen Tätigkeit war er auf den Gebieten Linguistik, Betriebspsychologie, Philosophie und Kosmologie freier Mitarbeiter bei Presse und Rundfunk und Dozent an der Volkshochschule, zuletzt am Bildungszentrum eines Konzerns.

Victor K. Wendt starb 1985.